このまま太もも
パンパン
でいいのか？

すごい!
YOSHIDA式

やせ骨格ストレッチ

美脚美容家 吉田直輔

新星出版社

こんな悩みは「やせ骨格」で解決！

本書のメソッドを実践すれば、美しいスタイルと姿勢＝「やせ骨格」が手に入ります。これらのお悩みを持つ人は、やってみましょう！

「生まれつき脚が太い」「上半身に比べて、下半身が太い」。脚が太いのには、さまざまな要因がありますが、ももやふくらはぎなどの筋肉が張ってしまっていませんか？　**その筋肉の張りがとれれば、脚がスッキリ**します。

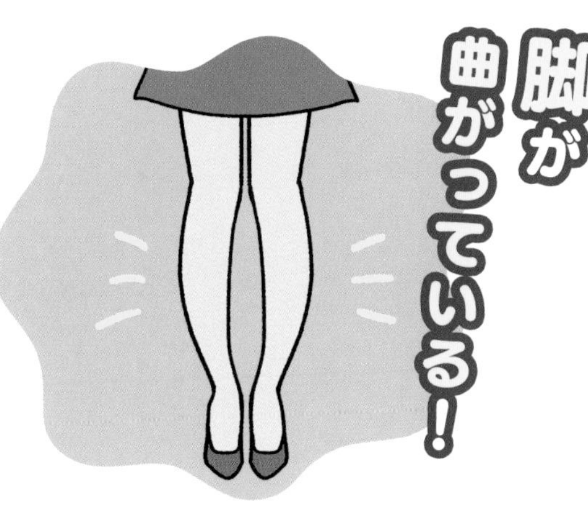

O脚やX脚のほか、特に多いのが、ひざ下が外側にゆがんだ「ひざ下O脚」です。この原因の多くは、立ち方などの普段の姿勢による関節のねじれ。**ストレッチによって、ゆがんだ骨格や姿勢を正せば改善**していきます。

腰が痛い！

若いのに腰が痛いという人。壁に背をつけて立ったとき、腰と壁に大きなすき間ができていませんか？　そういう人は、腰が反っていて、負担が大きくなっています。**腰を正しい位置に戻していきましょう。**

ダイエットしても下腹が出ている！　そんな人の場合、腰が反ってお腹が前に出ていたり、お腹まわりの筋力がなくて下垂したりしている可能性大。**反り腰を直したり筋肉を刺激したりすれば、お腹がキュッと締まります。**

お腹が出ている！

首が前に出ている！

パソコンやスマホの使用で増えている、ストレートネック。首にあるべき自然なカーブがなくなって、まっすぐ前に突き出てしまっている状態です。**首の筋肉を正しく使えるようになると、カーブが戻り、見た目も美しくなります。**

ほか、巻き肩や脚のむくみなども…

紹介するストレッチで
お悩みを解決するよ～！

YOSHIDA
(吉田直輔)

はじめに

「立派です！」と言われると、

だいたいのことはウレシイですね。

…ただ1つ、

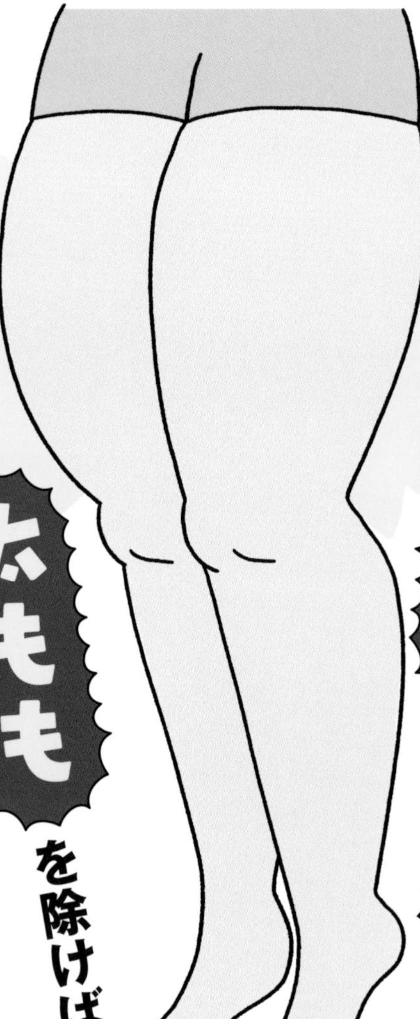

パンパンに張った

太ももを除けば…

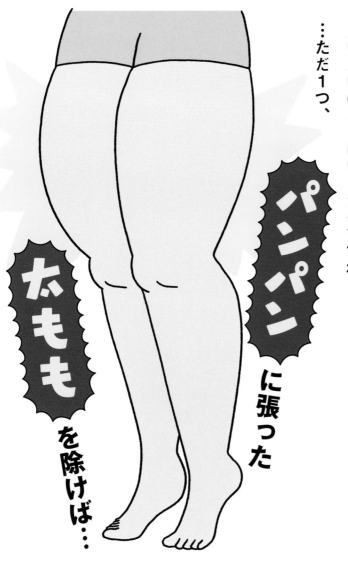

はじめまして。
美脚美容家のYOSHIDAこと、吉田直輔です。
私のサロンには、脚をキレイにしたい女性が日々、たくさんいらっしゃいます。
この本を手に取ったあなたも、同じような悩みをお持ちではないですか？

ダイエットをしても、脚がちっとも細くならない！

脚が曲がっていて、ロングスカートで隠してます…

太りやすい体質だから仕方ない？

骨格は生まれつきだから諦めるしかないですか？

でも、今よりもキレイになりたいんです!!

その思い、全部YOSHIDAにお任せください！

続く ←

太いパンパンな脚も

曲がった脚も

日常のよくない姿勢で起こります。

とはいえ、24時間ず――っと
正しい姿勢で
いるなんて無理。

でも大丈夫!

よくない姿勢に気づいたら…

正しい姿勢に
ComeBack!

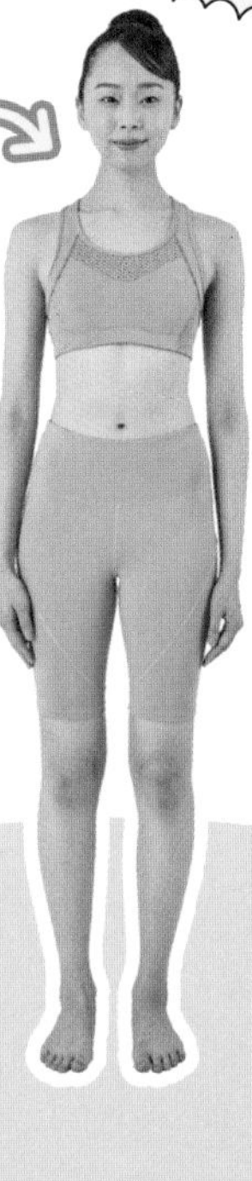

よくない姿勢で筋肉が
ガチガチになったら…

ストレッチで
マジ伸び~

すると、体は勝手に
キレイに変化していきます。

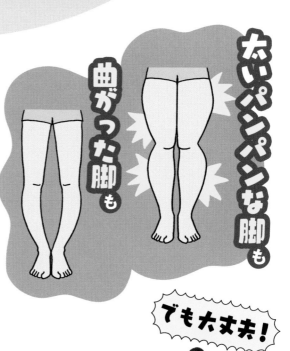

この本では、
体のクセをリセットして美脚・美姿勢になれる
「YOSHIDA式やせ骨格ストレッチ」を紹介！

3万人以上を指導してきて、
「はじめて筋肉が伸びる感覚がわかった！」
「ストレッチ直後に即、体形が変わった！」
と、効果的で即効性があるストレッチを厳選しました。

さぁ、一緒に「マジ伸び～」を体験しましょう。

美脚美容家 YOSHIDA

YOSHIDAメソッドで
美脚・美姿勢になりました！

「やせ骨格ストレッチ」を実践している方の、ビフォーアフターを紹介！
脚のゆがみや反り腰、骨盤の傾きなどが改善しました。

ひざ下O脚が改善してまっすぐに！
ひざの向きも正面になった！

AFTER

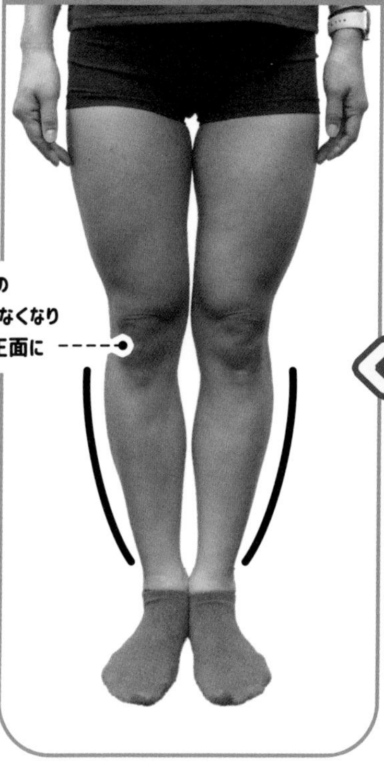

ひざ下の
湾曲がなくなり
ひざも正面に

BEFORE

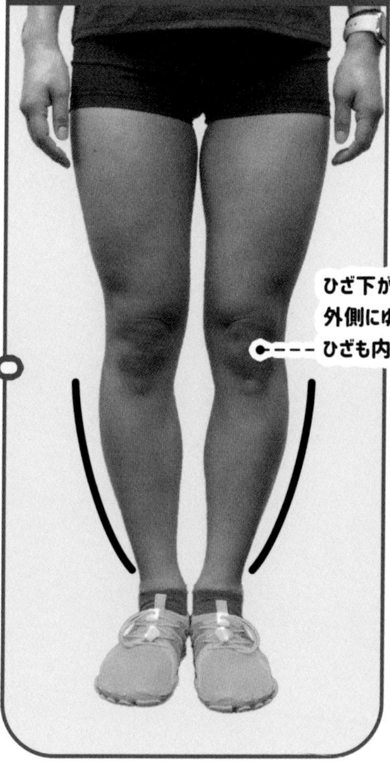

ひざ下が
外側にゆがんで
ひざも内向き

「やせ骨格ストレッチ」は一度やるだけでも、
脚のラインや気になる部分が大きく変わります。
継続することで、美脚・美姿勢を手に入れてください！

太見えの原因の前ももがスッキリ！
腰の反りも改善！

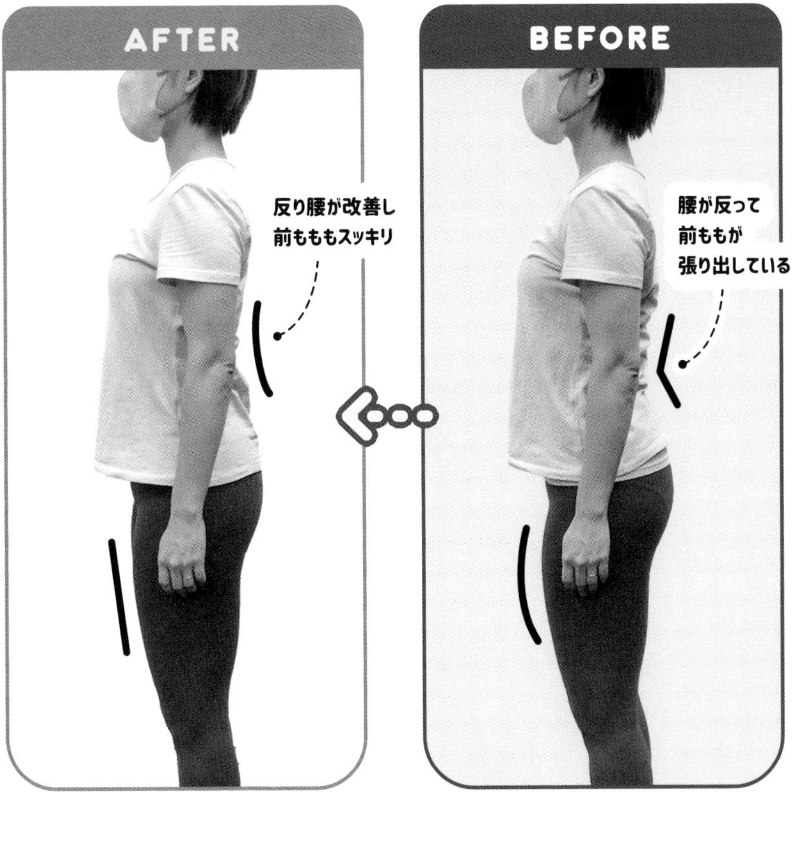
AFTER
反り腰が改善し
前もももスッキリ
BEFORE
腰が反って
前ももが
張り出している

生まれつきのO脚がまっすぐに！
離れたひざもくっついた！

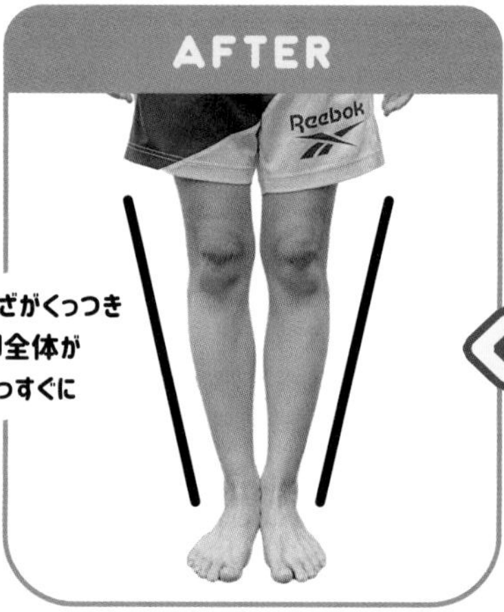
AFTER
ひざがくっつき
脚全体が
まっすぐに

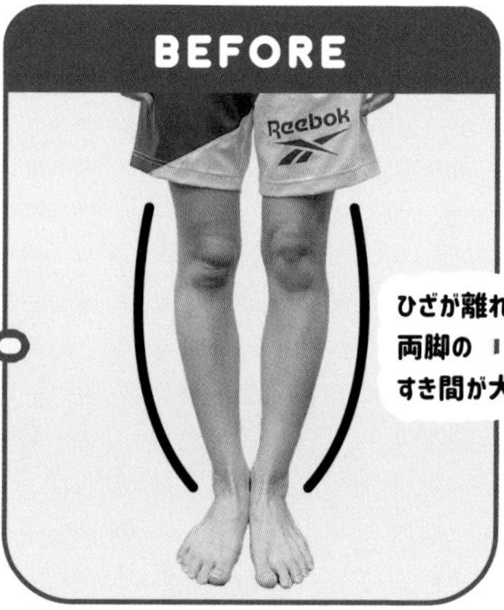
BEFORE
ひざが離れて
両脚の
すき間が大きい

脚のすき間が小さく！
むくみも改善してひざ下が細くなった！

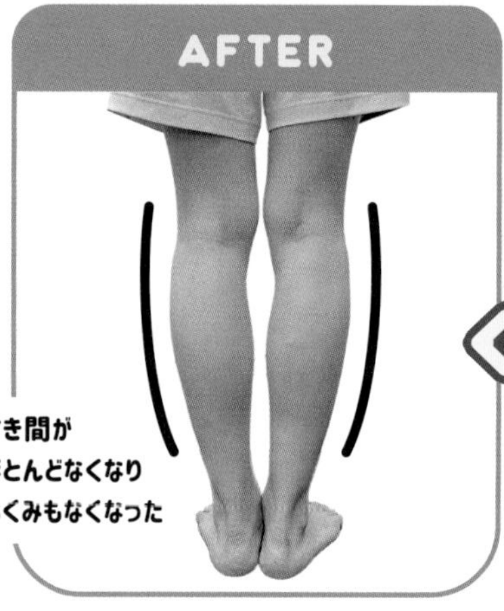
AFTER
すき間が
ほとんどなくなり
むくみもなくなった

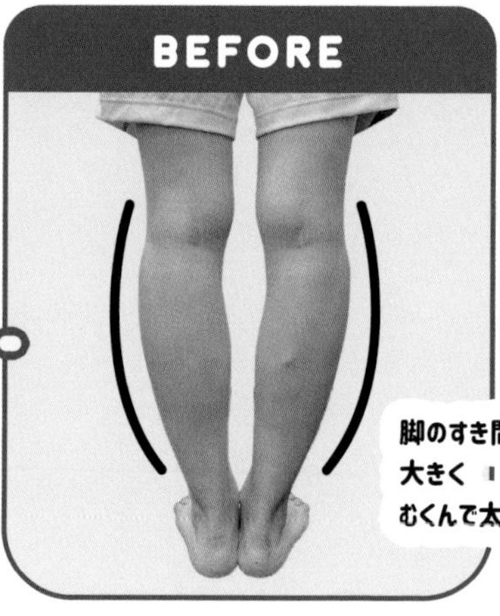
BEFORE
脚のすき間が
大きく
むくんで太見え

前に突き出たお腹がスッキリ！
頭も正しい位置に！

BEFORE

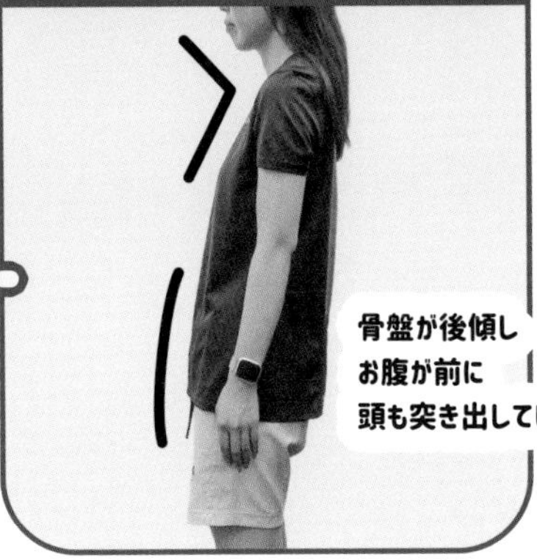

骨盤が後傾し
お腹が前に
頭も突き出している

AFTER

骨盤の
位置が戻り
頭も後ろに

前にスライドしたお腹・腰をリセット！
ひざの反りも直った！

BEFORE

腰が前に出て
お腹がぽっこり
ひざが関節と
逆に反っている

AFTER

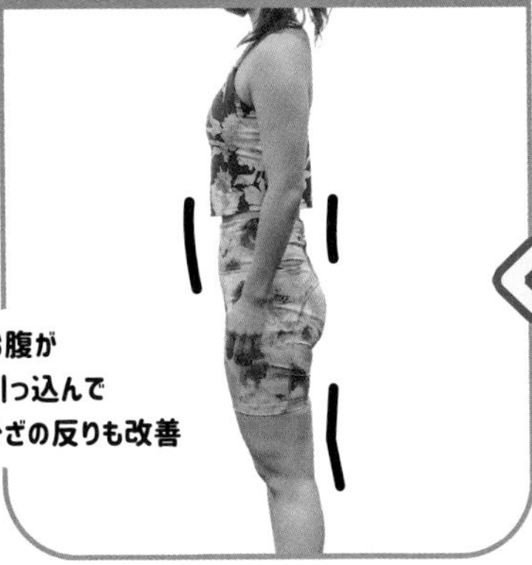

お腹が
引っ込んで
ひざの反りも改善

CONTENTS

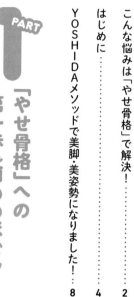

STAFF

構成・編集　スタジオダンク
デザイン　田山円佳、鄭 在仁、
石堂真菜実（スタジオダンク）
編集協力　江山彩（編集室 桜衣）
イラスト　ヤマサキミノリ
モデル　麻井香奈（FLOS）
撮影　北原千恵美
ヘアメイク　鎌田真理子（orange）

PART2のストレッチの見方

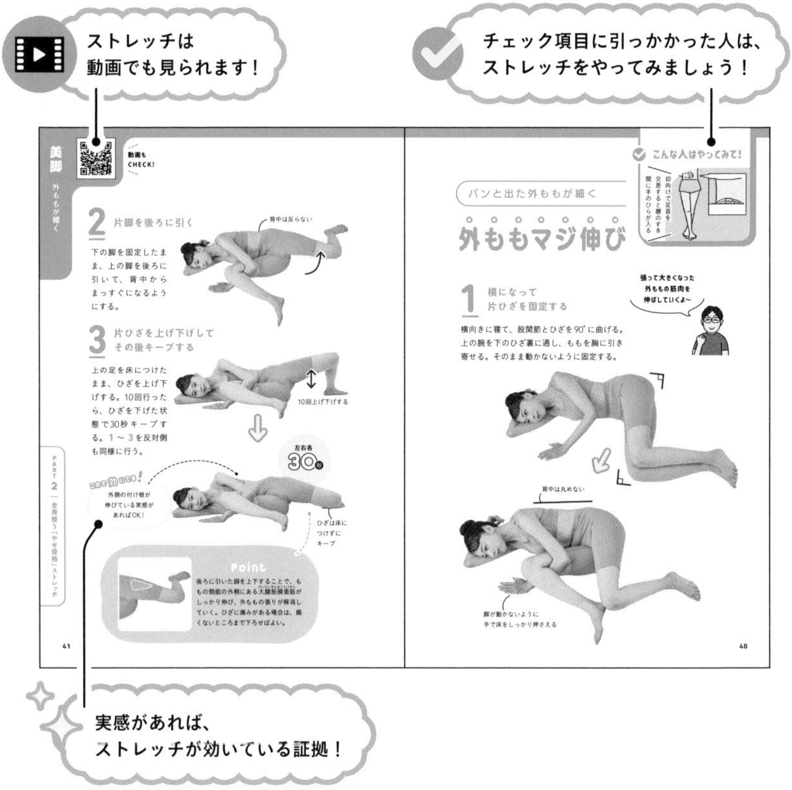

PART 1

「やせ骨格」への第一歩 〝前ももほぐし〟

「脚が太い」と悩んでいる人は、
前ももの筋肉が張ってしまっているかも。
まずは、ここをほぐしてみましょう。
ほかにも、脚のゆがみの原因や、スタイルがよく見えない
理由などについても解説していきます。

あなたの前もも パンパンじゃないですか？

パンツを穿くときに、ももで引っかかるあなた。ももが太いのを気にして、丈が長いチュニックタイプのトップスで隠しているあなた。それは〝前ももパンパン〟のサインかもしれません。

この本を読んでくれている人は、スラッとまっすぐに伸びる脚に憧れていると思います。「私の脚はなぜ太いの？」と、お悩みの方も多いのではないでしょうか。

脚が太い理由は１つではありませんが、多くの人に共通するのは、**前ももの筋肉を使いすぎていること**。一般的に「太い」というと、ぷよぷよのぜい肉を思い浮かべるかもしれません。しかし触ってみると、**ももが太い人は、前の部分がパーンと張って硬くなっている**のです。これは、**前ももの筋肉が〝間違った姿勢（19ページ）〟を支えるために無理に働き、過度に緊張したよくない状態**です。

美脚のためには、この前ももの張りを解消することが必要になります。

こんなお悩みの原因は〝パンパン〟な前ももだった！

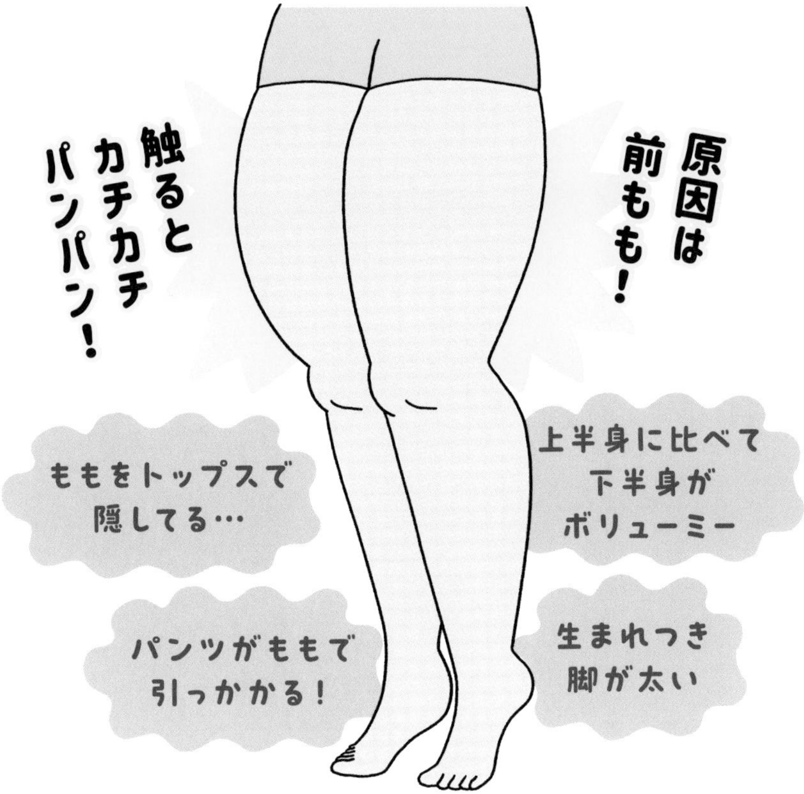
原因は前もも！
触るとカチカチパンパン！
上半身に比べて下半身がボリューミー
ももをトップスで隠してる…
生まれつき脚が太い
パンツがももで引っかかる！

脚が太い・太く見える原因は、過度に発達して張っている前ももの筋肉。前ももの張りを取るだけで見た目がよくなって、ほっそり美しい脚に大変身！

あなたの前ももはがんばりすぎ～

前ももが〝ふわふわ〟になれば脚がほっそり美しく！

気づくと胸を張ってはいませんか？　ヒール靴をよく履いていませんか？　どちらも、**筋肉が緊張して前ももが大きく張り出すよくない姿勢**です。

胸を張ると腰が反り気味になります。さらに、ひざが伸びきることで「後ろ重心」になり、〝前もも〟で体を支えなくてはなりません。反対に、ヒール靴を履くと前のめりになるため、自然とひざが曲がり、「前重心」に。このときも体が前に倒れないように〝前もも〟で体を支えることになります。つまり、**重心が真ん中にないと、前ももは過剰にがんばらなくてはいけない**のです。

前ももにかかる負担が大きいと、筋肉が過度に発達するだけでなく、疲労して血流が悪化。脂肪や老廃物が蓄積してさらに張り出します。これが、美脚を邪魔する〝パンパン前もも〟の正体です。逆にいえば、**前ももをほぐせば、本来の〝ふわふわ〟な状態に変化し、ほっそり美しい脚になれます！**

前重心でも後ろ重心でも前ももがパンパンになる！

前重心

→ ヒール靴で立つ・歩く

ヒール靴で立ったり歩いたりすると、重心が指先に乗る“前重心”に。前に倒れないように前ももで支えるため、筋肉が過度に緊張する。

後ろ重心

→ 胸を張ってひざを伸ばす

胸を張ってひざを伸ばすと、重心がかかとに乗る“後ろ重心”に。後ろに倒れないように前ももで支えるため、筋肉が過度に緊張する。

「前ももふわふわストレッチ」で前ももをほぐしてスッキリ！

CHECK
20ページ

＼ とにかくこれだけ！ ／

前ももふわふわストレッチ

ここがちがう！

よく知られている前もものストレッチは、こんなのだよね➡これだと、じつはひざの上しか伸びないんだ。それに腰も反ってしまう。でも、ここで紹介する方法なら、腰を反らさずに、**股関節もひざ関節もしっかり伸ばせる**よ〜。

1 脚を交差し足首を反対側の手でつかむ

左右の脚を交差して、片方のかかとを反対側のお尻につける。お尻につけたほうの足首を手でつかむ。

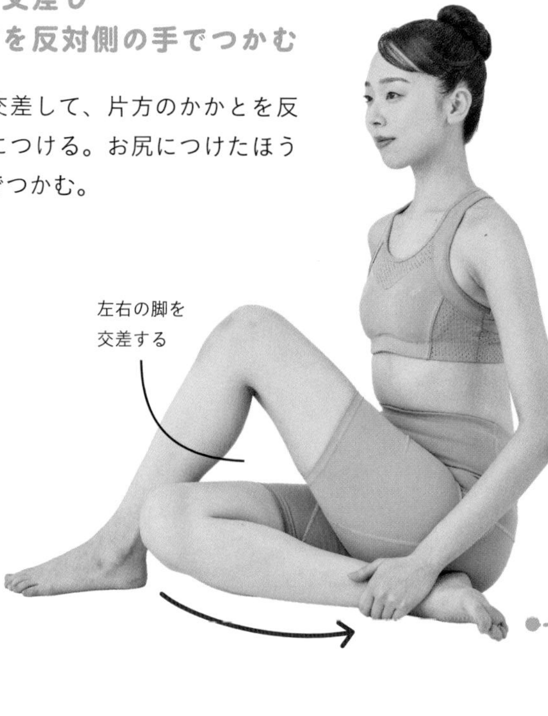

左右の脚を交差する
Point
足をお尻にしっかりと引き寄せる

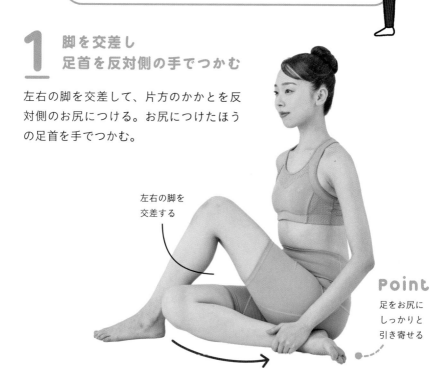

動画も
CHECK!

2 手で足首をつかんだまま うつ伏せになる

足首をつかんだまま、うつ伏せになる。
もう片方の腕は頭のほうに伸ばす。

Point
前ももを床に
しっかりつける

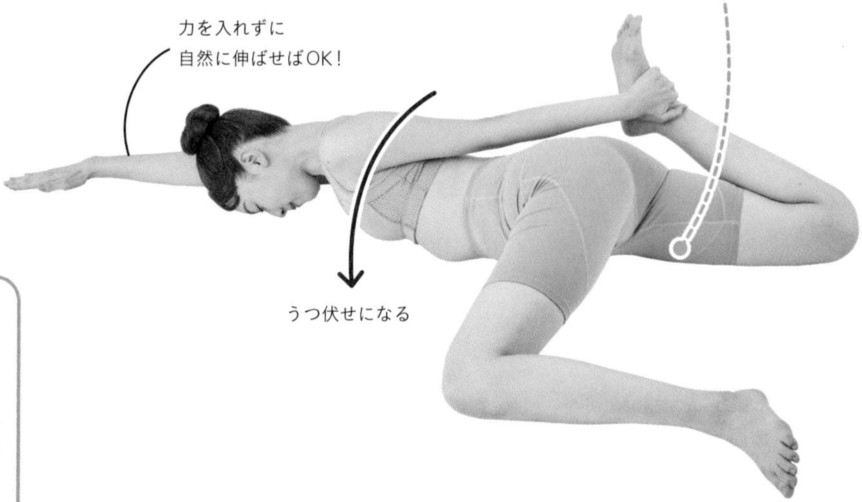
力を入れずに
自然に伸ばせばOK!
うつ伏せになる

腰を反らさないように
注意して!

次ページへ

3 上半身を横向きに起こす

上半身と骨盤を床から起こして、
横向きになる。

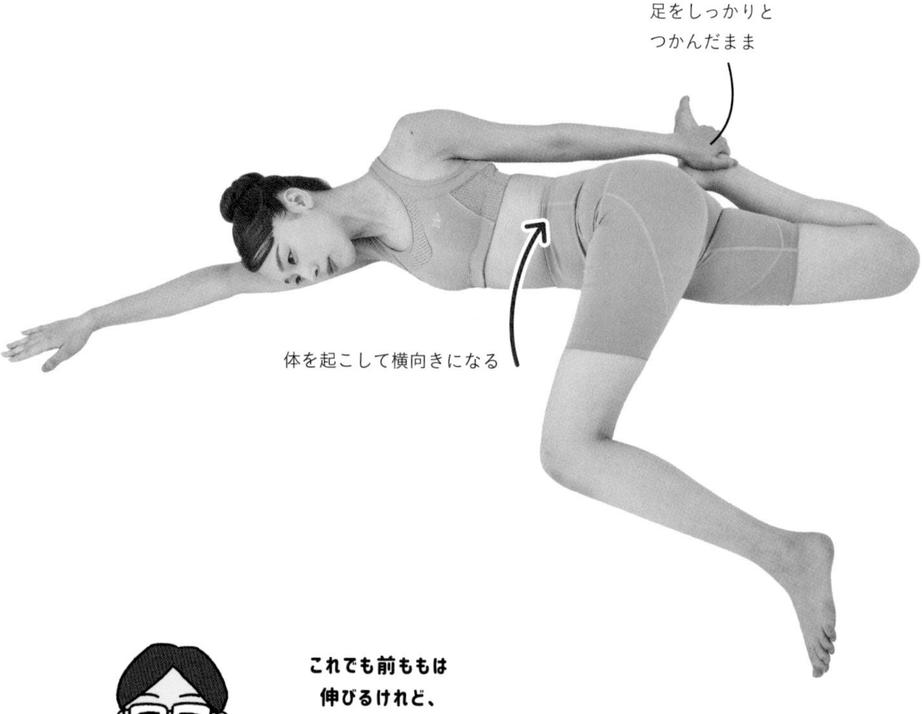
足をしっかりと
つかんだまま
体を起こして横向きになる

これでも前ももは
伸びるけれど、
次のステップで
さらに伸びるよ～！

4 ひざに腕を引っかけ ももを胸に引き寄せる

下の腕を上のひざ裏に通し、ももを胸に引き寄せる。30秒キープする。1〜4を反対側も同様に行う。

Point

背中を丸めると、前ももがしっかり伸びる

これで効いてる！

前ももの筋肉が伸びて、イタ気持ちいい感覚があればOK！

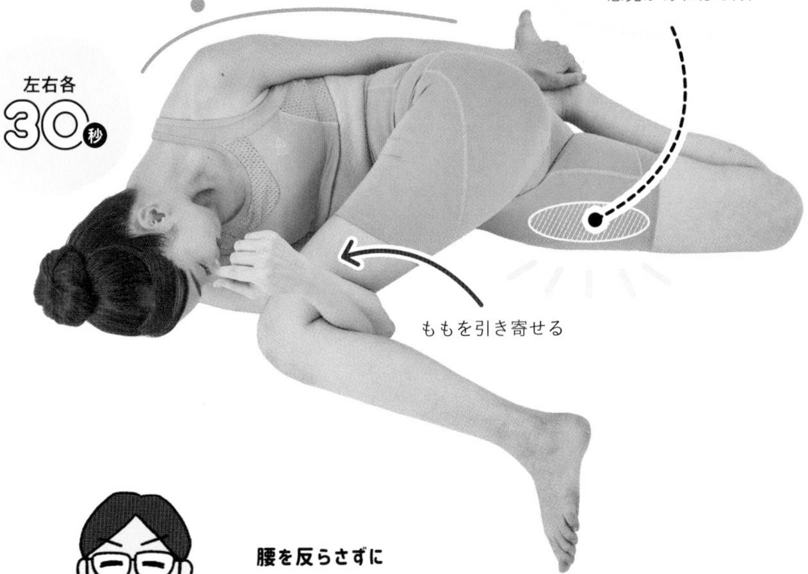
左右各
30秒
ももを引き寄せる

腰を反らさずに
しっかりと前ももを
伸ばせるよ〜！

張りだけじゃない！関節のねじれも美脚の敵

パンパン前ももだけでなく、脚がまっすぐでないことに悩んではいませんか？

標準的な体形であれば、**立ったときに左右のひざとくるぶしがくっつくのが基本**です。しかし実際には、脚全体が外側にアーチを描いてひざがつかない〝O脚〟や、くっついたひざを頂点に「く」の字に折れ曲がった〝X脚〟の人もいますが、ひざから下が外側に湾曲する〝ひざ下O脚〟で悩む人が特に多くいます。

「脚の形がよくないのは、生まれつきだから仕方ない」と諦めている人もいると思います。それも原因の1つですが、脚のゆがみはパンパン前ももと同様、よくない姿勢や歩き方といった日々のクセが積み重なって生じる、関節のねじれによるもの。だから、**姿勢を正しく保つことで改善するケースが多い**のです。

そのほか、**同じ姿勢をとり続けたり、運動不足だったりして、血液とリンパの流れが滞ってむくむのも美脚に見えない要因**になります。

張り、ゆがみ、むくみで脚の見た目が悪くなる

美脚に見えない脚の特徴

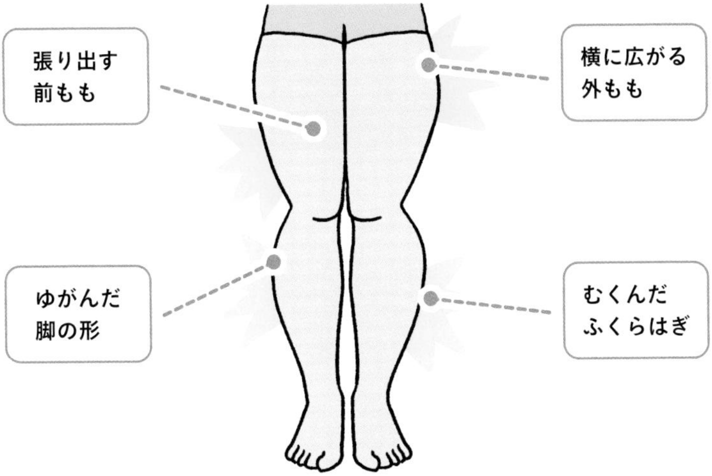

張り出す前もも
横に広がる外もも
ゆがんだ脚の形
むくんだふくらはぎ

女性に多い脚のゆがみ

O脚

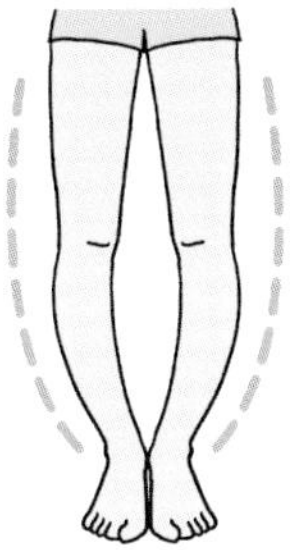

ひざが外側にカーブし、内くるぶしをそろえても、ひざの内側がつかない。

X脚

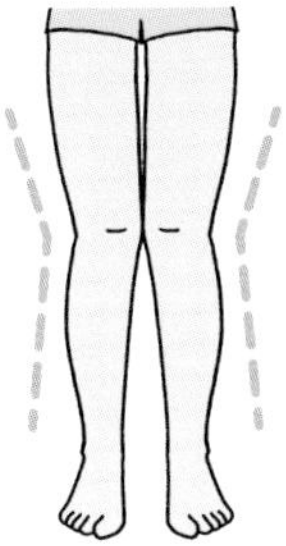

ひざが内側にカーブし、ひざの内側をそろえても、内くるぶしがつかない。

ひざ下O脚

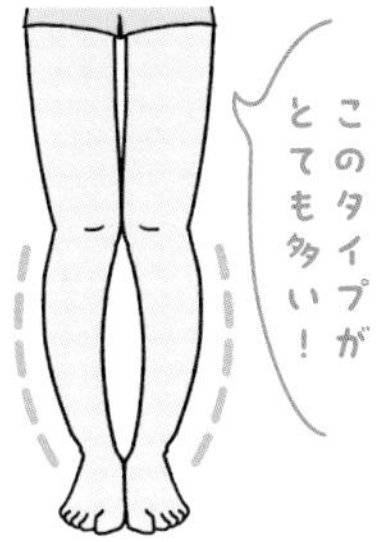

このタイプがとても多い！

ももからひざまではまっすぐだが、ひざ下とすねが開いている。

女性の関節はゆるく骨格がゆがみやすい

立ったときにひざが後ろ側に反る〝反張膝《はんちょうしつ》〟や、ひじを伸ばしたときに腕が「く」の字に曲がる〝さる腕〟といった骨格のゆがみは、女性に多く見られます。

日常の姿勢や動作時のクセが骨格のゆがみに大きく影響していることは、すでに述べたとおりです。ただ、一般的に**女性は関節の可動域が過度に広い〝ゆるい関節〟の持ち主が多く、またゆるい関節をコントロールするのに十分な筋肉が男性に比べてつきづらいため、骨格がゆがみやすい**のです。

関節がゆるくハマりが甘いと、関節の動きをカバーするために、本来必要のない部分の筋肉が過度に使われて発達します。たとえば、**股関節がゆるいとまわりの筋肉が外側に張り出し、外ももが大きくなってしまう**ことがあります。

体はやわらかいほうがよさそうですが、柔軟性があることと、関節がゆるいことは別問題。捻挫《ねんざ》や脱臼《だっきゅう》を防ぐためにも、適切に筋力をつける必要があります。

女性の骨格が特にゆがみやすい理由

筋力が弱い

一般的に女性のほうが筋力が弱い。特に体幹の筋肉が弱いと骨格を支えきれず、ゆがむ。

関節がゆるい

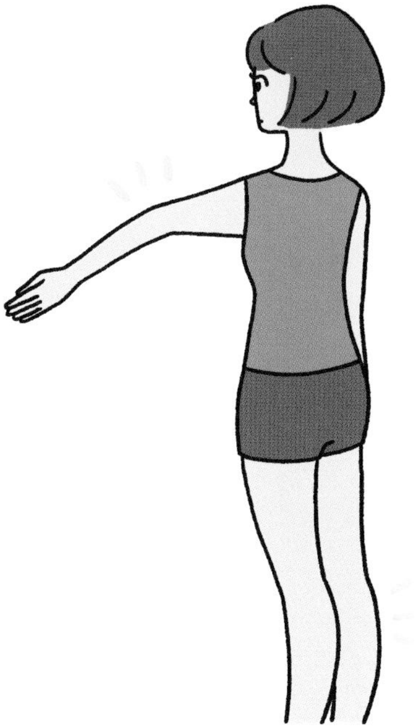

女性は、“ゆるい関節”の持ち主が多い。関節のハマりが甘いために骨格が安定せず、ゆがむ。

だから日常的に
ゆがみをリセットすることが
大切なんだよね〜

骨盤がゆがむとスタイルがくずれる

下半身と上半身をつなぐ、腰の部分にある骨格の要《かなめ》が「骨盤」です。**立ったときにやや前側に傾いているのが骨盤の正しい状態**ですが、過度に前傾したり、逆に後傾したりしているのは、誤った姿勢をとっているということです。骨盤のゆがみはボディラインを大きくくずすことにもつながります。

骨盤が過度に前傾していると〝反り腰〟になるとともに、〝出っ尻〟になって、お尻にボリュームが出ます。さらに前ももに大きな負担がかかり、張り感が強くなってしまうのです。骨盤が前傾している人は、使いすぎの前ももをストレッチ（20ページ）してほぐし、ももの後ろ側の筋肉を鍛えることで改善します。

一方、**骨盤が後傾しているとお尻が垂れるうえに、内臓が下がって下腹部がぽっこり**します。太ももの後ろ側の筋肉が硬くなっていることが多いので、ストレッチをしてほぐすとよいでしょう。

骨盤の過度な傾きで起こる悪影響

骨盤の前傾

壁に背中をつけて立つと
腰のすき間に
こぶしが入る！

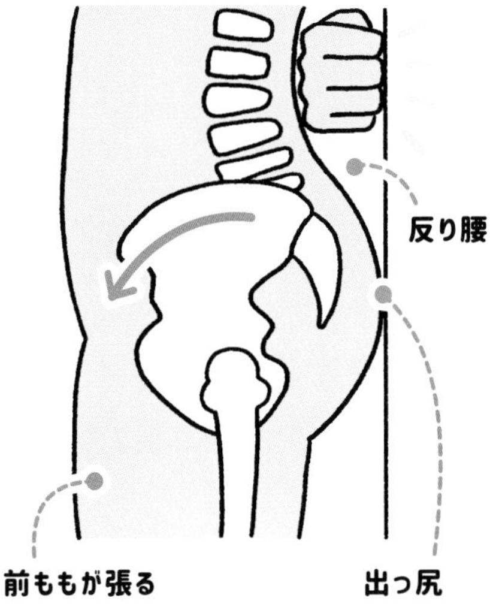

反り腰
前ももが張る
出っ尻

腰が反って腰痛の原因になるほか、お尻が大きく突き出たり、前ももが大きく発達したりする。

骨盤の後傾

壁に背中をつけて立つと
腰のすき間に
手のひらが入らない！

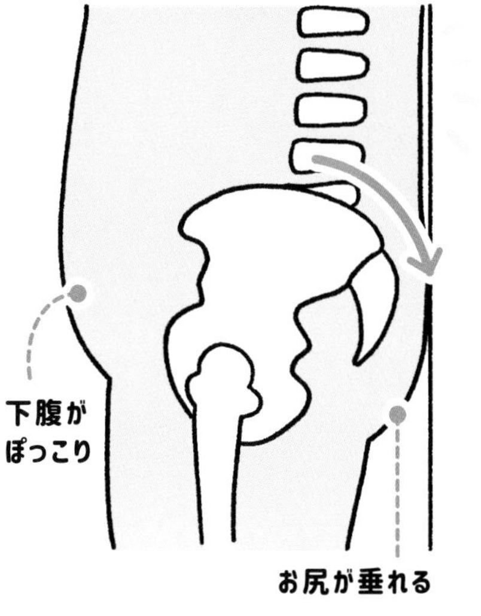

下腹が
ぽっこり
お尻が垂れる

お尻が垂れるほか、内臓が下垂して下腹部がぽっこりと出やすい。背中も丸まって姿勢も悪く見える。

壁と腰に
手のひら1枚分のすき間が
あるのが理想だよ～

あなたの体はまだ美姿勢を知らない!?

美しい姿勢でいたいと思っても、長時間のデスクワークや立ち仕事の間、ずっと正しく美しい姿勢でいることは難しいと思います。**本当に問題なのは、姿勢がくずれていると気づいたときに、正しい姿勢をとれないこと**です。

たとえば、パソコンを操作しているときは腕も首も前に出て、上半身が前のめりになります。この姿勢がよくないと気づくまではいいのですが、正そうと胸を張って腰を大きく反る人が多いのです。しかし、これでは腰に大きな負担がかかります。

悪い姿勢を続けるのはよくありませんが、正しい姿勢をとったつもりなのに、実はその姿勢も誤っていると、骨格はゆがんだまま。**〝正しい姿勢を知らない〟ことや、知っていても〝正しい姿勢を適切にとる体づくりができていない〟ことが、美姿勢を遠ざける原因になっている**のです。

姿勢を正したつもりが間違っている

NGな姿勢

肩が前に出る
アゴが突き出る
背もたれにもたれる

パソコンを使っていると、腕と首が前に出て、背もたれに体を預ける姿勢になりやすい。こうした姿勢が続くと骨盤は後傾し、本来Ｓ字のカーブを描く首がまっすぐのストレートネックに。

⇓ 正しい姿勢に直したつもりでも…

これもNG!

胸を突き出す
腰を反る

前かがみの姿勢を正すために胸を突き出すと、腰が大きく反った状態に。一見よい姿勢のようだが、腰に負担がかかる悪い姿勢。胸は突き出さず、骨盤を立てるように姿勢を整えるとよい。

やせ骨格ストレッチで美脚・美姿勢になれる！

〝普段のよくない姿勢が美脚や美姿勢の妨げになっている〟とご理解いただけたでしょうか。そうとわかれば、正しい姿勢を身につけたいですよね。

立ったときの正しい姿勢は、横から見たときに耳から外くるぶしまでがまっすぐで、重心が真ん中にある状態です。正面から見れば両脚の位置がそろい、ひざが正面を向いて5㎜ほど曲がります。そして、左右の骨盤・肩の高さが同じで、頭の位置もまっすぐです。専門的には「ニュートラルポジション」と呼びますが、どこの筋肉にも余計な力がかからない、まさにニュートラルな状態です。

しかし、すぐにニュートラルポジションをとろうとしても、前ももなどが硬いままだと無理に伸ばす必要が出てしまいます。だから、**ストレッチで十分にほぐすことが重要**なのです。**いつでもすぐに正しい姿勢がとれるようになれば、筋肉の張りも骨格のゆがみも解消し、理想の脚やボディに変化していきますよ！**

いつでもとりたい美姿勢はコレ！

●● ここをCHECK！ ●●

アゴは軽く引く

耳・肩・骨盤（外側に出っ張る部分）・外くるぶしが一直線で、床と垂直になる

ひざは伸びきらず、5㎜程度曲げるイメージ

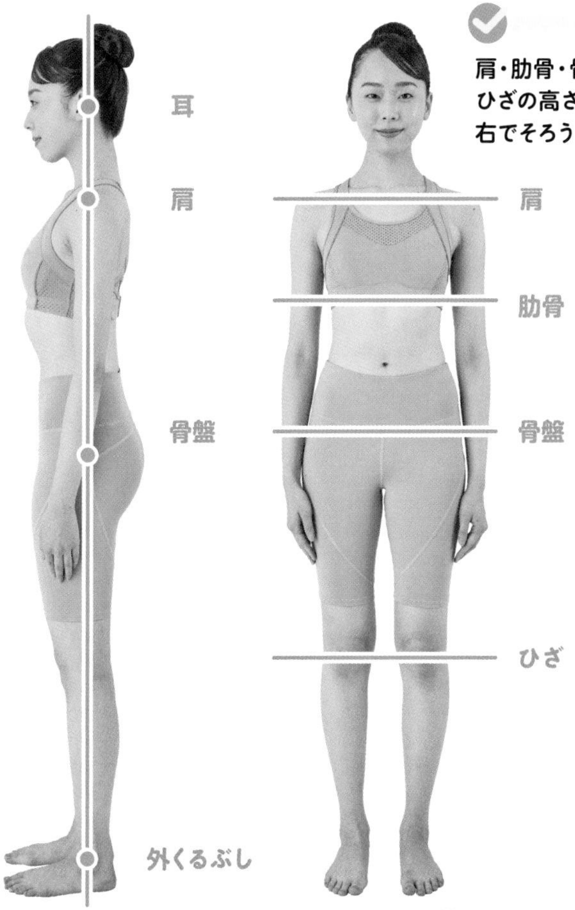

肩・肋骨・骨盤・ひざの高さが左右でそろう

ひざと足の人さし指が正面を向く

こんなあなたは
「やせ骨格」になれる！

脚の形や姿勢に自信がない！
そういう人は、ここで挙げる項目をチェック。
該当した人は、ストレッチで改善し
「やせ骨格」を目指しましょう！

外ももが太いあなた！

CHECK
足首を
交差した状態で
仰向けになると、
腰のすき間に
手のひらが
入る

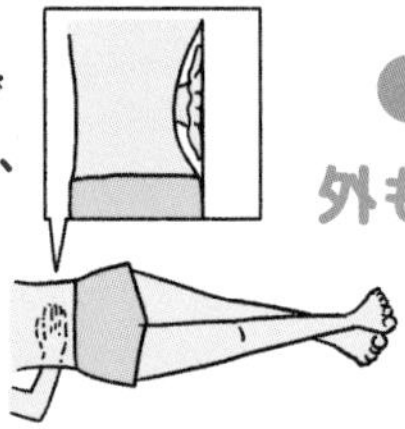

張りをほぐせば
外ももが細くなる！
⇒ 40 ページ

内ももがむちむちなあなた！

CHECK
イスに
座っているときに、
無意識に足首を
組んでいる

たるみを解消すれば
内ももが細くなる！
⇒ 42 ページ

前ももが付け根から太いあなた！

CHECK
ももが前に
張り出して、
「く」の字に
なっている

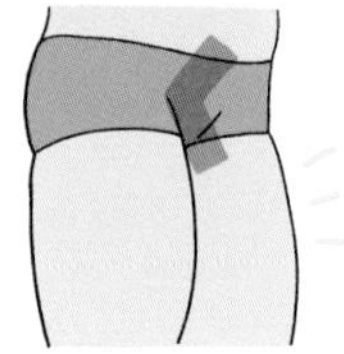

付け根をほぐせば
「く」の字股が
改善！
⇒ 44 ページ

お尻がペタッと垂れているあなた！

お尻に
ボリュームがなく、
垂れてラインが
四角い

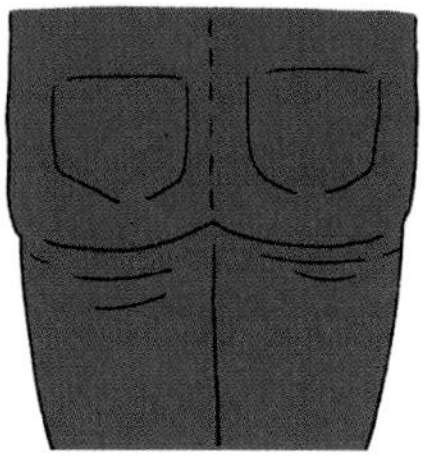

お尻の筋肉を鍛えれば

ヒップアップ！

⇒ 46ページ

ひざが反対に反っているあなた！

脚を伸ばして
床に座ると、
ひざ裏が床につく

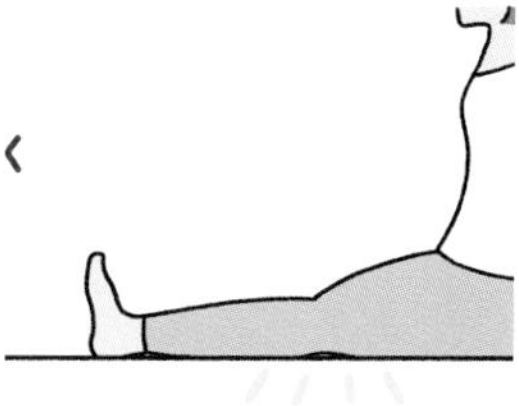

ももの裏を伸ばせば

反りひざが
改善！

⇒ 50ページ

ひざ下が外にねじれているあなた！

こぶし1つ分
足を開いて
ひざを曲げると、
ひざが内側を向く

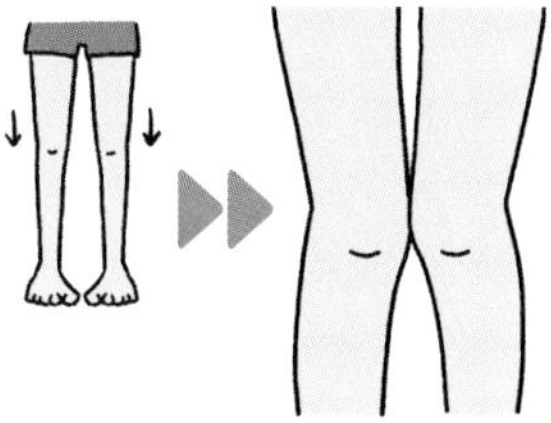

ひざの位置を正せば

ひざ下O脚が
改善！

⇒ 52ページ

外ふくらはぎが太いあなた！

片ひざ立ちで
前のかかとを
上げると、
かかとが外側、
ひざが内側を向く

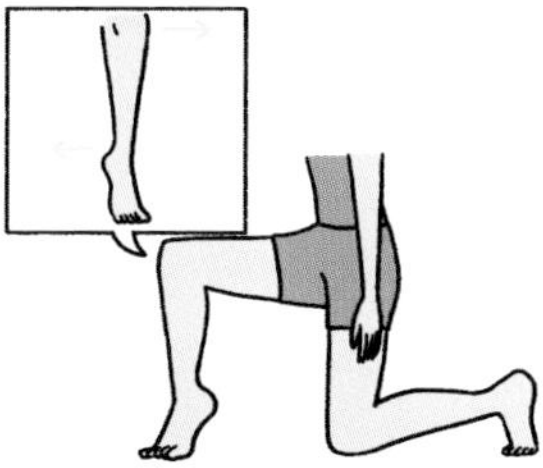

張りを改善すれば

外ふくらはぎが
細くなる！

⇒ 54ページ

次ページもチェック！

首が前に突き出ているあなた！

CHECK

仰向けの状態で
頭を床から浮かせると、
アゴから上がる

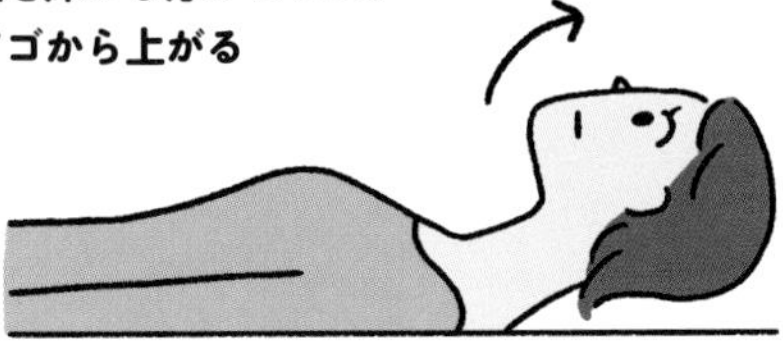

首の前の筋肉を鍛えれば

ストレートネックが
改善！

⇒ 84ページ

腰が反っているあなた！

CHECK

背中を壁につけて
立つと
壁と腰のすき間に
こぶしが入る

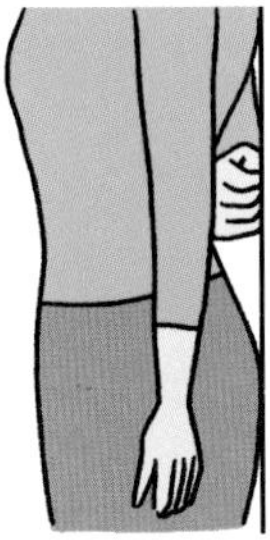

お腹の筋肉を鍛えれば

反り腰が
改善！

⇒ 66ページ

下腹が出ているあなた！

CHECK

肋骨の下に
スマホを当てると、
角よりも
肋骨が開いている

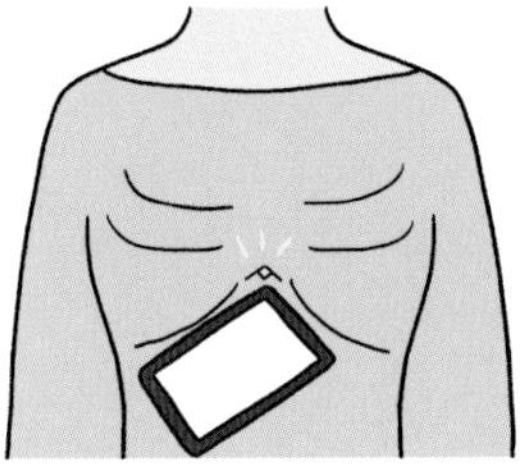

開いた肋骨を戻せば

下腹ぽっこりが
改善！

⇒ 68ページ

⇐ このほかの部位のストレッチも PART2 で紹介！

PART 2

全身整う『やせ骨格』ストレッチ

気になる部位ごとの、おすすめストレッチを紹介！
この前のチェックが該当した人や、
スタイルや姿勢で悩む人は、少しずつ続けてみてください。
「前ももふわふわストレッチ」（20ページ）を
最初にやると効果アップ！

キュッと
締まった

美脚を作るストレッチ

ももやふくらはぎ、お尻など、スッキリさせたい部位に応じたストレッチを紹介します。適切なストレッチで脚もまっすぐに変化！

外ももが細く

⇒ 40ページ

外ももが張り出す人は、外ももにある「大《だい》腿筋膜張筋《たいきんまくちょうきん》」が硬くなっています。大腿筋膜張筋をほぐすストレッチを行えば、外ももがほっそりと。反り腰も改善するので、姿勢まで美しく変化します。

内ももがほっそり

⇒ 42ページ

内ももにすき間がないのは、外ももの筋肉を使いすぎて内ももの筋肉がたるんでいるせいかも。内ももにある「内転筋《ないてんきん》」を鍛えれば、内ももがスッキリする上、骨盤とひざが安定して脚がまっすぐに。

「く」の字股がスッキリ

⇒ 44ページ

立ったときに下腹と前ももで「く」の字になる人は、“前ももパンパン”のサイン。脚の付け根と骨盤の前側の筋肉を伸ばすと、股関節が矯正されて前ももの張りがとれ、下腹部も引き締まります。

プリッとお尻に

⇒ 46ページ

平らな形のお尻をボリュームアップし、プリッと丸い“美尻”に変えたいあなた。お尻の表面を覆う大きな筋肉である「大臀《だいでん》筋《きん》」を鍛えましょう。脚長効果も発揮され、スタイルが格段にアップ！

お尻が上がる

⇒ 48ページ

お尻の筋肉が衰えて重力に逆らえなかったり、骨盤が後傾していたりするとお尻は垂れがちに。お尻の上側で人臀筋の深部にある「中臀筋《ちゅうでんきん》」を鍛えると、自然にヒップアップ。骨盤も正しく安定します。

反りひざがまっすぐに

⇒ 50ページ

ひざを伸ばしたときに後ろ側に反る「反張《はんちょう》膝《しつ》」の人は、ももの筋肉のバランスが悪く、前ももに頼りがちです。ももの裏側の筋肉を伸ばして刺激することで、ひざの位置が正され、まっすぐな脚に。

脚が太く見える人も、まっすぐでない人も、
ストレッチを続ければ「美脚」になれる！ 諦めないで～！

ひざ下がまっすぐに ⇒ 52ページ

「ひざ下O脚（25ページ）」の人は、すねに対してひざが内側に入るようにねじれています。ひざを開きながらお尻の「外旋《がいせん》筋《きん》」を鍛えることで、ねじれが改善。張りやすいふくらはぎもほっそり変化。

外ふくらはぎがほっそり ⇒ 54ページ

外ふくらはぎがパンパンな人は、ひざ下で外くるぶしにつながる「腓骨《ひこつ》」が外側を向くようにゆがんでいるかも。腓骨を支える「腓骨筋」を鍛えることで、ふくらはぎの張りがとれて細くなります。

ほっそり足首に ⇒ 56ページ

足首が太く見えるのは、ひざ下のねじれが原因かも。立ったときにひざが内向きで足が外向きになるなら、ひざ下がねじれています。ねじれを戻すストレッチを行えば、足首に“くびれ”が出現！

外《がい》反《はん》母《ぼ》趾《し》が改善 ⇒ 58ページ

足の親指の付け根が外側に曲がる「外反母趾」は、足裏のアーチがなくなった扁平足《へんぺいそく》であることが原因の1つ。親指を曲げ伸ばしすると、足の裏の内側の筋肉を鍛えられて外反母趾が改善します。

ほっそり小指に ⇒ 60ページ

足の小指がピンク色で丸かったり、横に倒れていたりするなら、それが“卵小指”です。正しく指を使えておらず、脚が太くなる原因にも。小指を細くするには、小指の筋肉を鍛えることが有効。

むくみがスッキリ ⇒ 62ページ

長時間のデスクワークや立ち仕事で血流が滞ると、脚はむくみます。脚が太く見え、冷えも起こすので即解消したいもの。脚を高くしてふくらはぎを刺激すると、血流がよくなってむくみが解消！

パンと出た外ももが細く

外ももマジ伸び

こんな人はやってみて！

仰向けで足首を交差すると腰のすき間に手のひらが入る

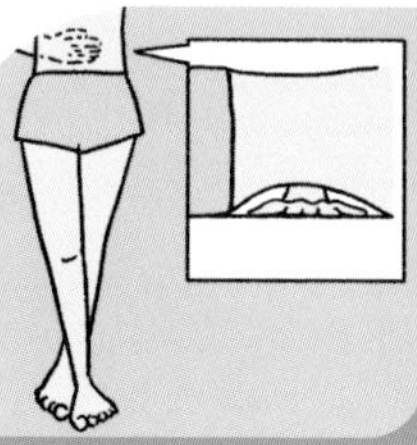

張って大きくなった
外ももの筋肉を
伸ばしていくよ～

1 横になって片ひざを固定する

横向きに寝て、股関節とひざを90°に曲げる。上の腕を下のひざ裏に通し、ももを胸に引き寄せる。そのまま動かないように固定する。

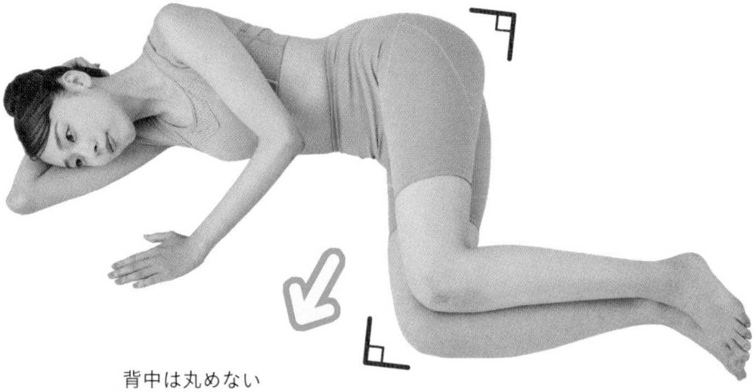

背中は丸めない
脚が動かないように
手で床をしっかり押さえる

動画も
CHECK!

2 片脚を後ろに引く

下の脚を固定したまま、上の脚を後ろに引いて、背中からまっすぐになるようにする。

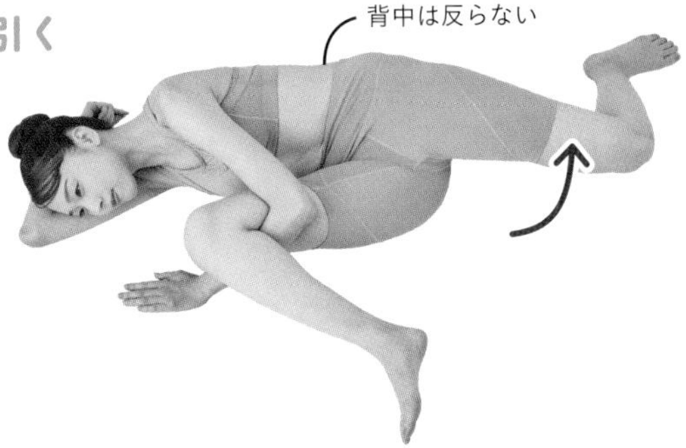
背中は反らない

3 片ひざを上げ下げしてその後キープする

上の足を床につけたまま、ひざを上げ下げする。10回行ったら、ひざを下げた状態で30秒キープする。1～3を反対側も同様に行う。

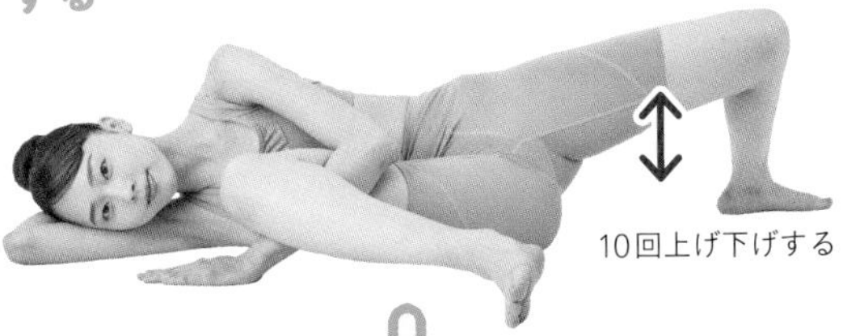
10回上げ下げする

左右各30秒

これで効いてる!

外側の付け根が伸びている実感があればOK!

ひざは床に
つけずに
キープ

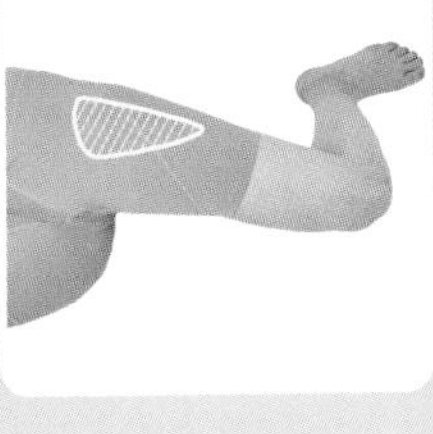

Point

後ろに引いた脚を上下することで、もも側面の外側にある大腿筋膜張筋《だいたいきんまくちょうきん》がしっかり伸び、外ももの張りが解消していく。ひざに痛みがある場合は、痛くないところまで下ろせばよい。

むちむち内ももがほっそり

もも閉じパカ

こんな人はやってみて!

イスに座っていると
足首を組んでる

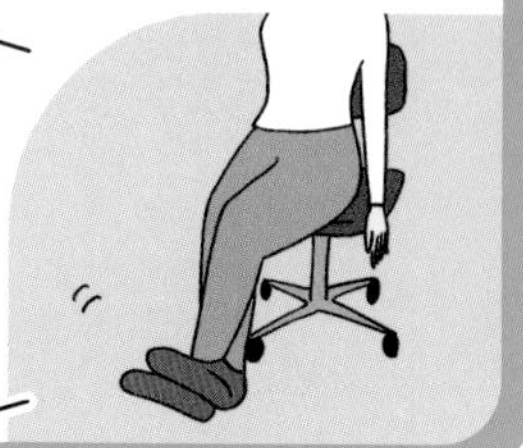

1 横になって曲げたひざを前に出す

内ももの筋肉を鍛えて
たるみを解消するよ〜

横向きに寝て、股関節とひざを90°に曲げる。
上のひざを、こぶし1つ分くらい前に出す。

背中は丸めない
ひざを前に出す

動画も
CHECK!

2 上のひざを上げて脚を開く

両足の内側をくっつけた状態で上のひざを上げて、脚を股関節幅に開く。

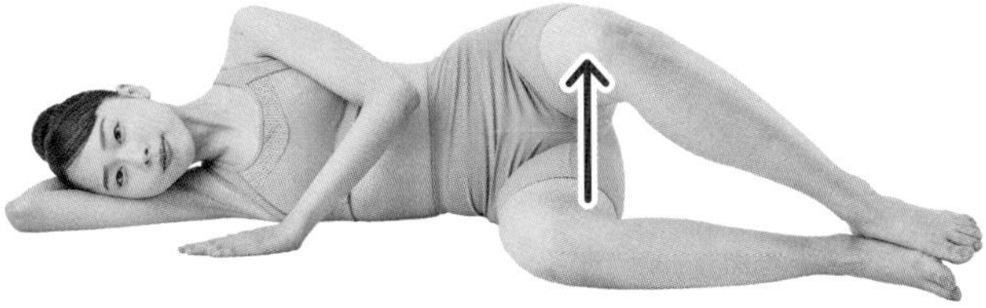

3 下のひざを上げ下げする

上のひざを上げたまま、下のひざを上げ下げする。10回行う。1〜3を反対側も同様に行う。できない人は、1でひざを前に出さずに、2→3を行う。

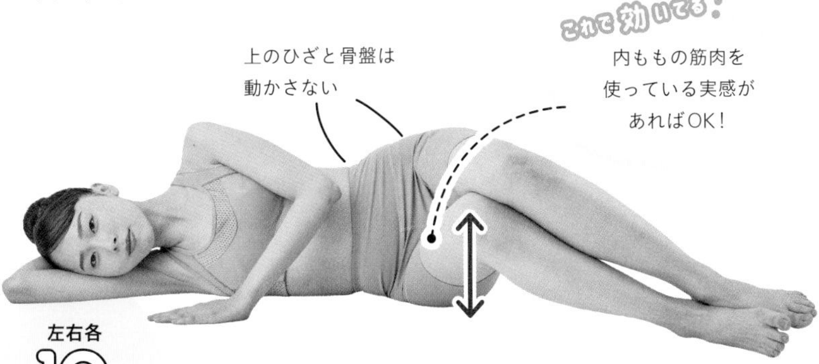
これで効いてる!
上のひざと骨盤は
動かさない
内ももの筋肉を
使っている実感が
あればOK!

左右各10回

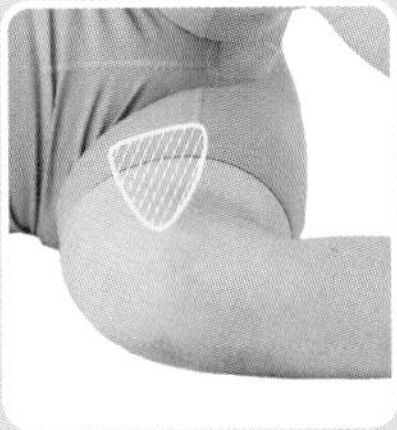

Point

ひざを上げ下げすることで、ももの内側にある内《ない》転筋《てんきん》が鍛えられる。下のひざをしっかり上げるよう意識しよう。

張った「く」の字股がスッキリ

付け根伸び～る

こんな人はやってみて!

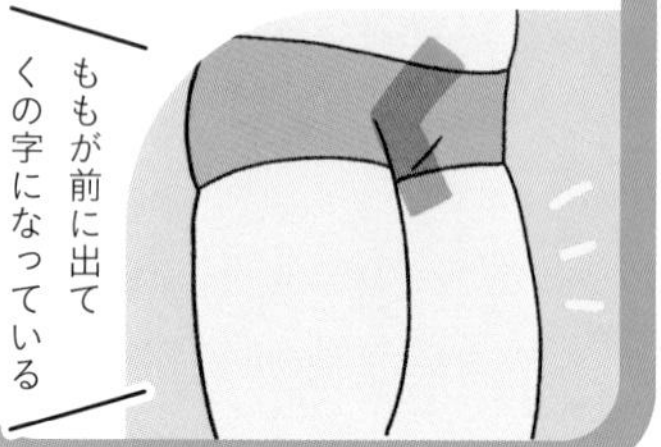
ももが前に出て
くの字になっている

1 仰向けになって足を上げる

たたんだタオルを骨盤の下に置き、仰向けになって、ひざを立てる。そのまま、ももを胸に引き寄せるイメージで、足を上げる。

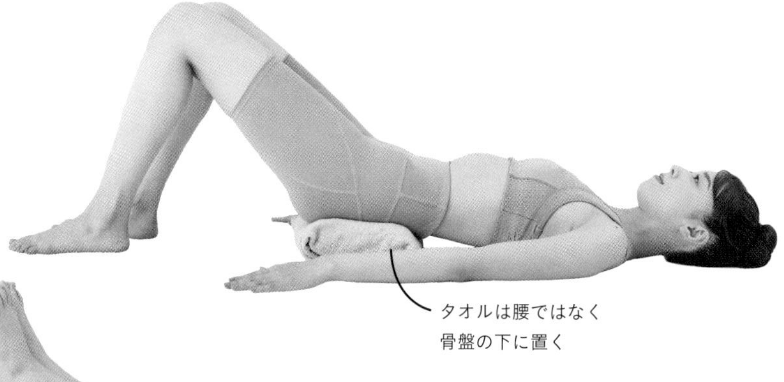

タオルは腰ではなく
骨盤の下に置く

張り出した
股関節の付け根を
しっかり伸ばして
ほぐすよ～

動画も
CHECK!

2 片方のももをかかえて もう片方の足を床に下ろす

腕を片方のひざ裏に通し、ももを胸に引き寄せる。もう片方の足は、ひざを曲げたまま床に下ろす。

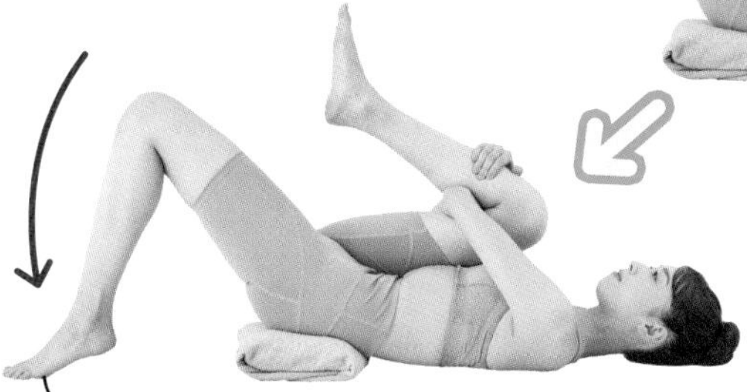
ゆっくり下ろしてつま先をつける

3 足を前に移動させ 股関節を伸ばしてキープする

片方のももをかかえて胸に引き寄せたまま、もう片方の足のつま先を前に移動させる。股関節の付け根を限界まで伸ばしたら30秒キープする。
1〜3を反対側も同様に行う。

NG

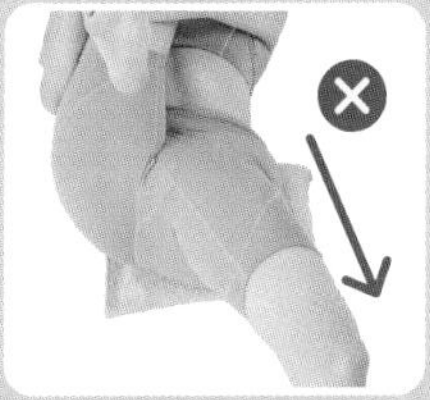

足を外側に移動させると、ターゲットである股関節の付け根がしっかり伸ばせない。

これで効いてる！

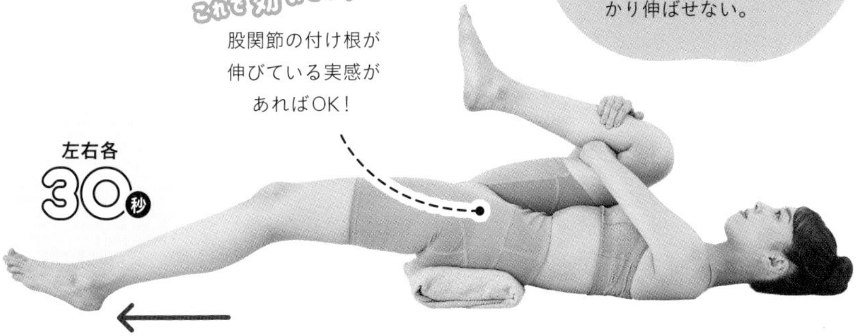
股関節の付け根が
伸びている実感が
あればOK！

左右各30秒

こんな人はやってみて！

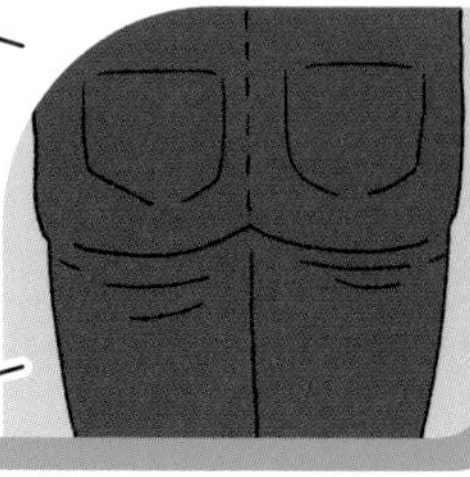

お尻が四角くてボリュームがない

ペタ尻がプリッとお尻に

尻筋ギュッと

1 仰向けになってひざを立てる

仰向けになって、ひざを股関節の幅に開き立てる。このとき、足が体から離れすぎないようにする。手は自然な位置に置く。

腰が反って浮かないようにする

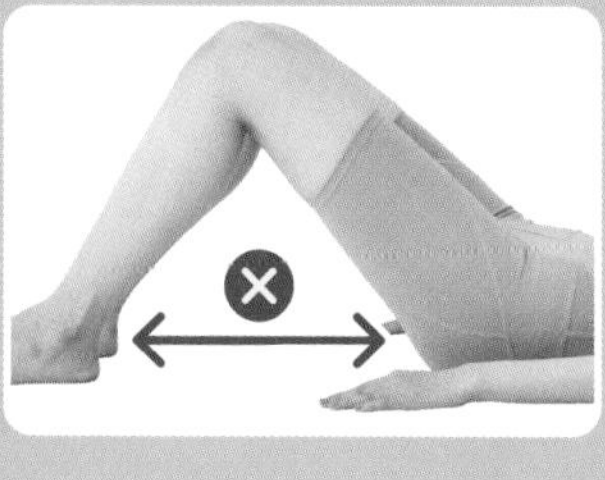

NG

お尻を立体的に引き上げる大《だい》臀筋《でんきん》を鍛えていく。足の位置が遠すぎると、ももの裏のほうを鍛えてしまうため、離しすぎないようにする。

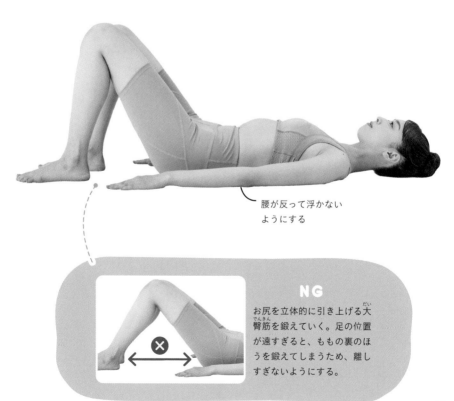

動画も
CHECK!

2 お尻を上げ下げする

腰が反らないようにしながら、
お尻を上げ下げする。10回行う。

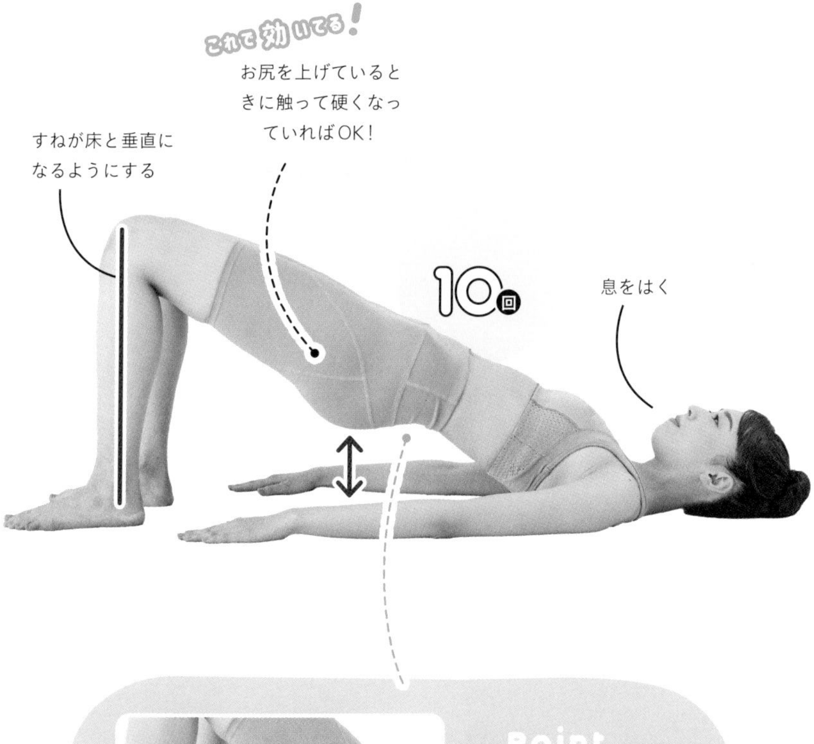
これで効いてる!
お尻を上げているときに触って硬くなっていればOK!
すねが床と垂直になるようにする
10回
息をはく

Point

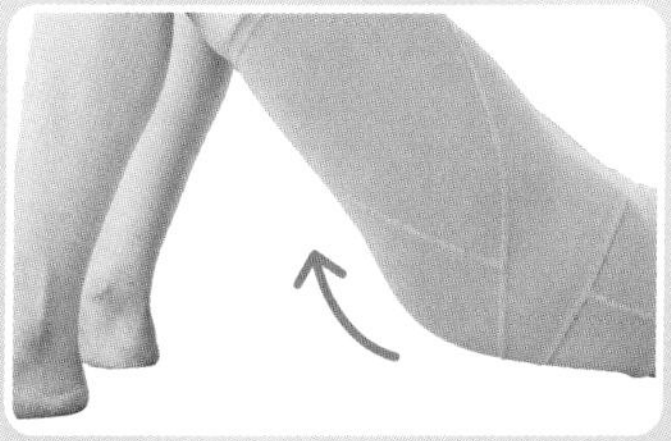

骨盤を後傾させて丸めるイメージで、お尻を持ち上げる。こうすることで大臀筋に正しくアプローチできる。

こんな人はやってみて！

ボリュームはあるがお尻が垂れている

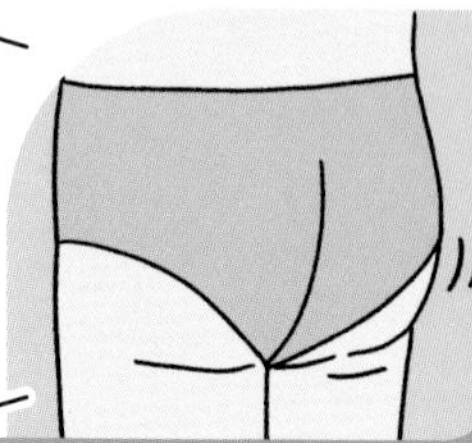

垂れ尻がキュッと上がる

尻上《うえ》効く〜

お尻の筋肉をクイクイ上げて鍛えるよ〜

1 横になって下のひざを曲げ上の股関節を内側にひねる

横向きに寝て、下のひざを軽く曲げる。そのまま、上の足のつま先を下に向けるようにして、股関節を内側にひねる。

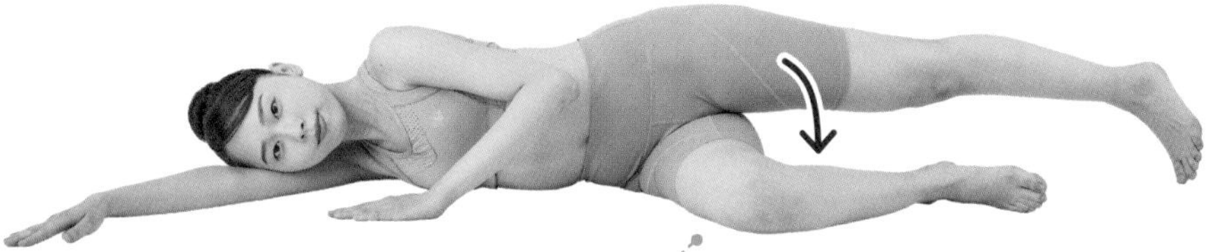

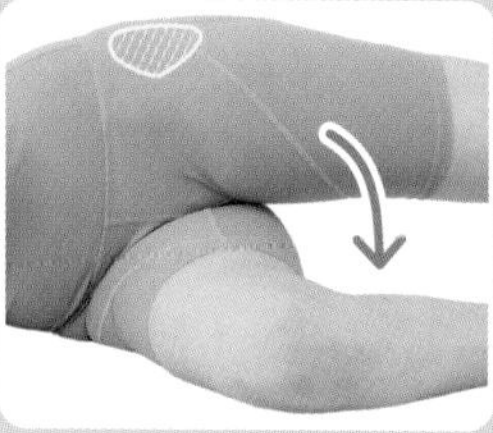

Point

お尻の上のほうにある中《ちゅう》臀筋《でんきん》を鍛えてヒップアップする。股関節を内側にひねることで、しっかりと鍛えられる。

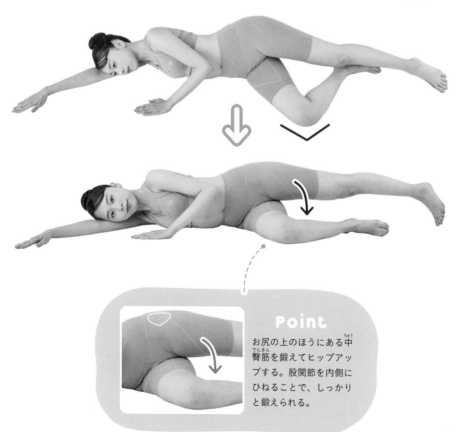

動画も
CHECK!

2 上の脚を後ろに引く

上の脚を腰が反らない程度に後ろに引く。このとき、床についた上の手で、体を支えるサポートをする。

股関節は
曲げない

3 上の脚を上げ下げする

股関節を内側にひねったままの状態で、上の脚を上げ下げする。下ろしたときに、足が床につかないようにする。20回行う。**1〜3**を反対側も同様に行う。

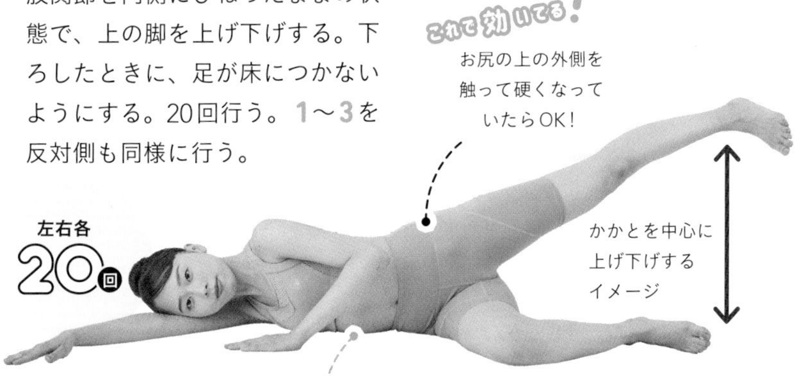
これで効いてる!
お尻の上の外側を
触って硬くなって
いたらOK!
左右各
20回
かかとを中心に
上げ下げする
イメージ

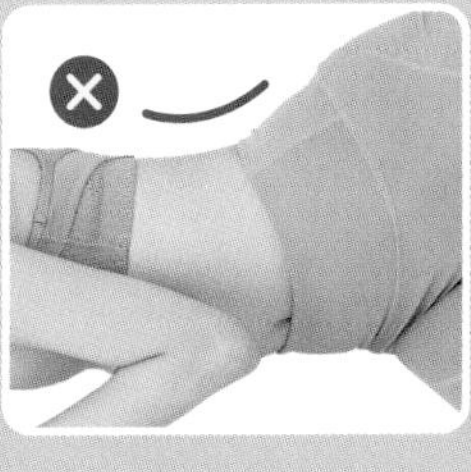

NG

腰を反ってしまうと、腰に負担がかかったり効果が下がったりする。

こんな人はやってみて!

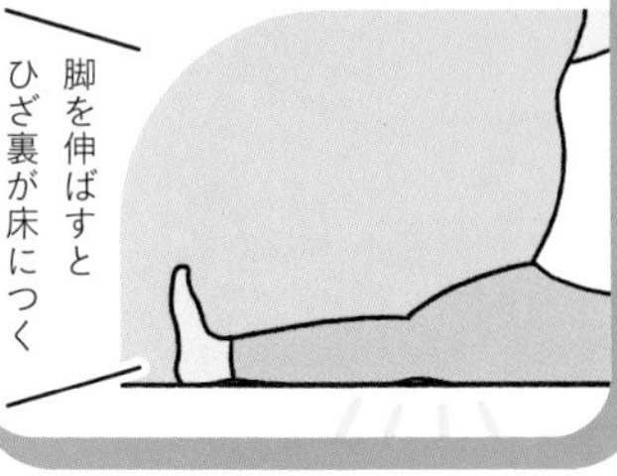
脚を伸ばすと
ひざ裏が床につく

反りひざがまっすぐに

マジ効き屈伸

1 手を脚に滑らせてかがむ

足を股関節の幅に開いて立つ。つま先はまっすぐ正面に向ける。手を前ももから下へゆっくりと滑らせながら、かがむ。

ひざが
伸びきらないように
ももの裏の筋肉を
伸ばしていくよ〜

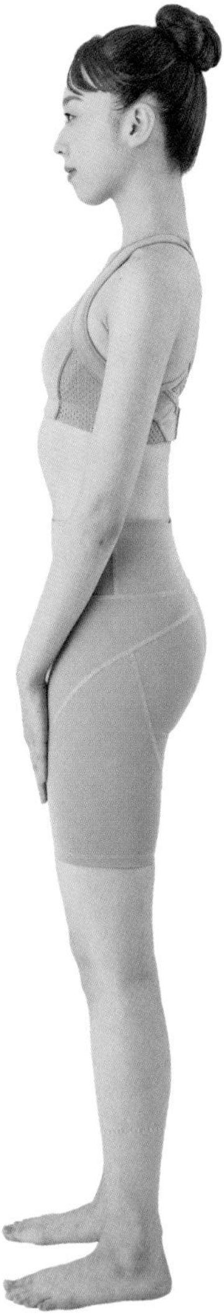

脚の前側に
手を滑らせる

動画も
CHECK!

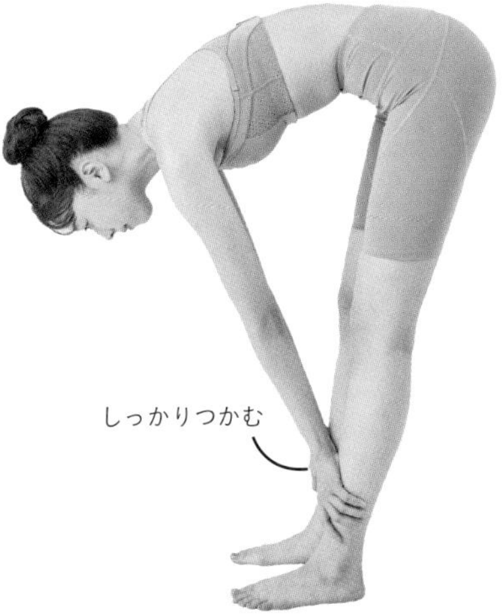
しっかりつかむ

2 手で脚をつかむ

かがみながら手を限界まで滑らせたら、ひざを少し曲げる。さらに手を滑らせたら、脚をつかむ。

3 ひざを曲げ伸ばしする

脚をしっかりとつかんだまま、ひざを曲げ伸ばしする。20回行う。ひざを曲げるときに、お尻は下げずに高さをキープしたまま行う。

20回
お尻の高さを
キープ
これで効いてる！
ももの裏に
伸びを実感
できたらOK！

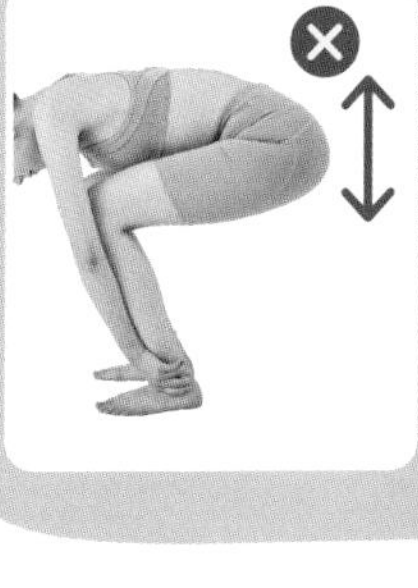

NG

ひざを曲げすぎて前に重心がいくと、ターゲットであるももの裏の筋肉に効かない。お尻の高さをキープすることを意識しよう。

こんな人はやってみて！

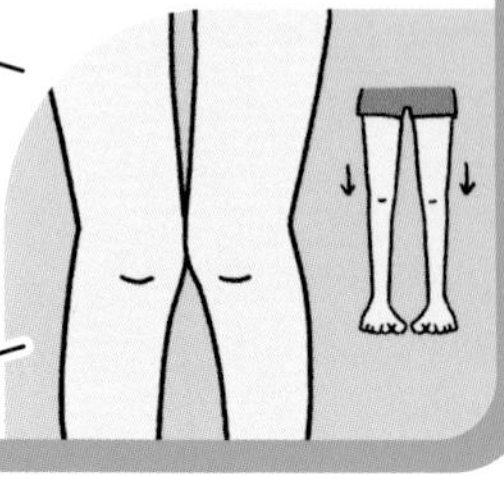
ひざを曲げると
内側に向く

ひざ下O脚がまっすぐに

菱形スクワット

1 足をそろえて立つ

足を閉じ、内側をそろえて立つ。肩に力を入れずに、手は腰に軽く置く。

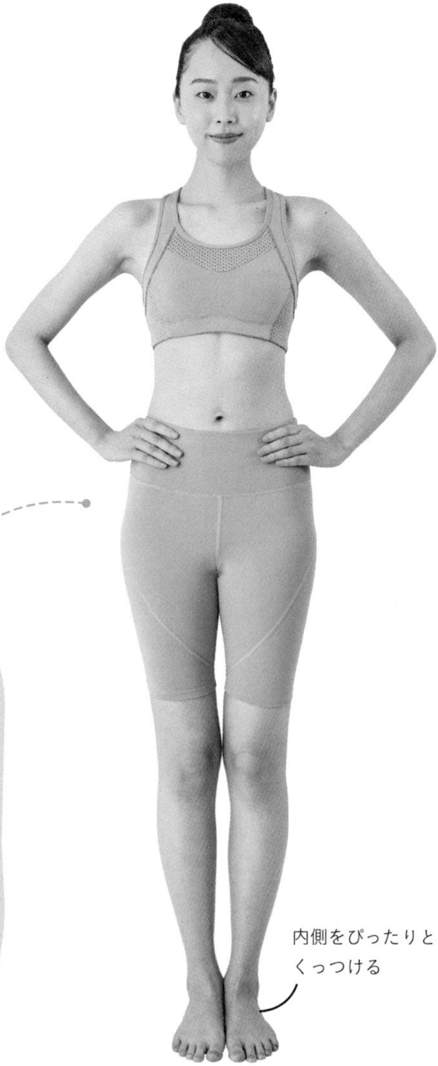
内側をぴったりと
くっつける

Point

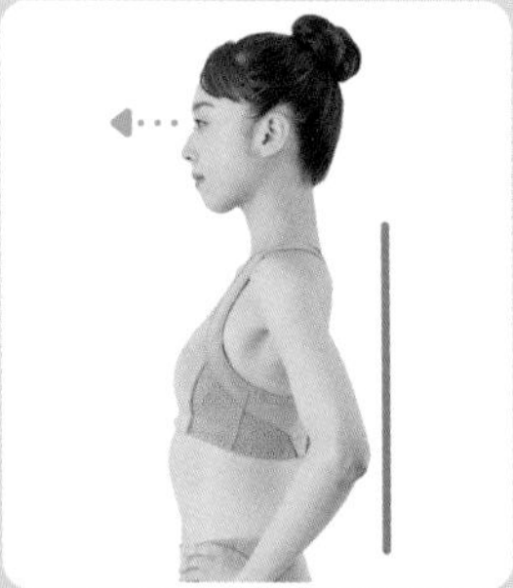

目線はまっすぐ前に向け、胸を張って反り腰にならないようにする。

動画も
CHECK!

2 ひざを開くように曲げ伸ばしする

ひざを外側に開くようにして、曲げ伸ばしする。20回行う。このとき、ひざを曲げすぎずに、ひざと股関節を少し曲げることを意識して行う。

ぺったり内側に
下がっていた土踏まずに
アーチができるよ〜！

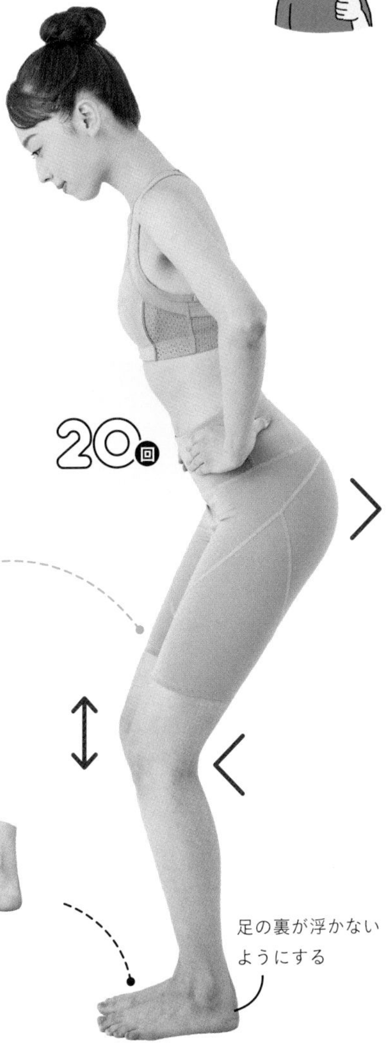

Point

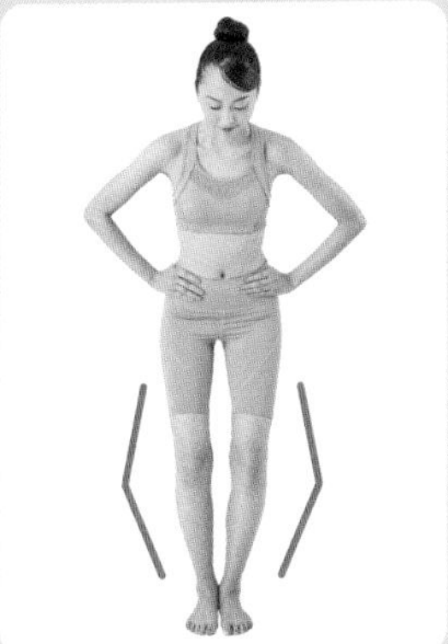

ひざを外側に開くことで、
ひざ下が内側を向いている
のがまっすぐに戻る。

これで効いてる！

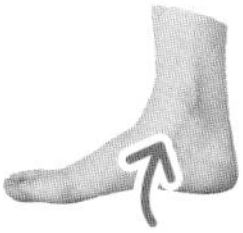

土踏まずが
引き上がった実感が
あればOK！

PART 2 — 全身整う「やせ骨格」ストレッチ

こんな人はやってみて！

かかとが外側、
ひざが内側を向く

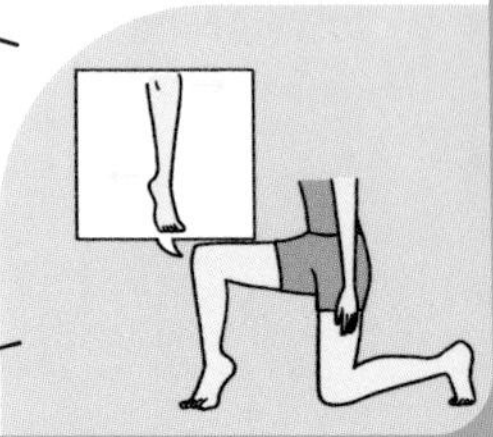

太い外ふくらはぎがほっそり

エアハイヒール

1 片ひざをついて腰を下ろす

片ひざを曲げ、もう片方のひざを床につけて腰を下ろす。肩に力を入れずに、手は腰に軽く置く。

Point

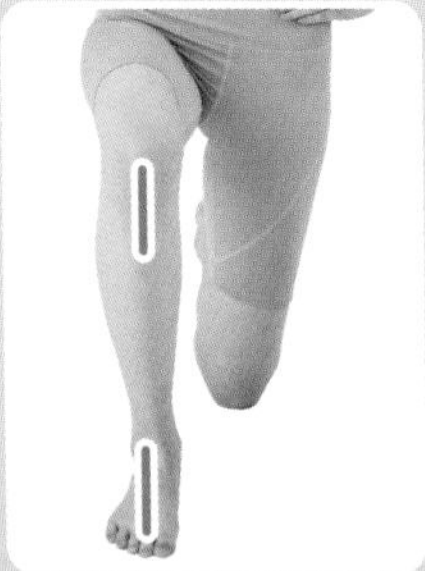

ひざが外側や内側を向かないように、ひざとつま先はまっすぐ正面に向ける。

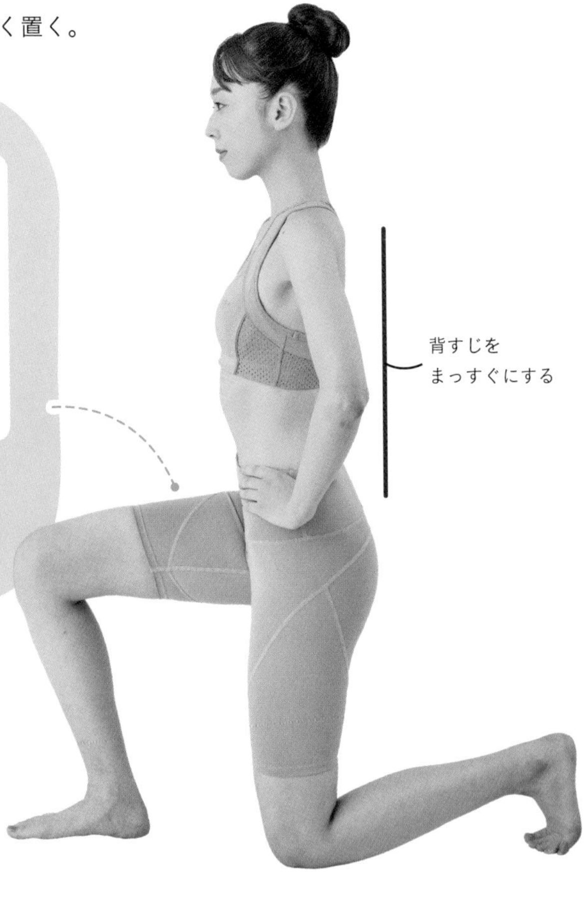
背すじを
まっすぐにする

動画も
CHECK!

2 手でひざを押さえる

両手を重ねて、片ひざの上に置く。ひざが正面を向いたまま動かないように、上から押さえる。

3 かかとを上げてキープする

下に向かって手で力をかけたまま、かかとを上げる。30秒キープする。1～3を反対側も同様に行う。

左右各30秒

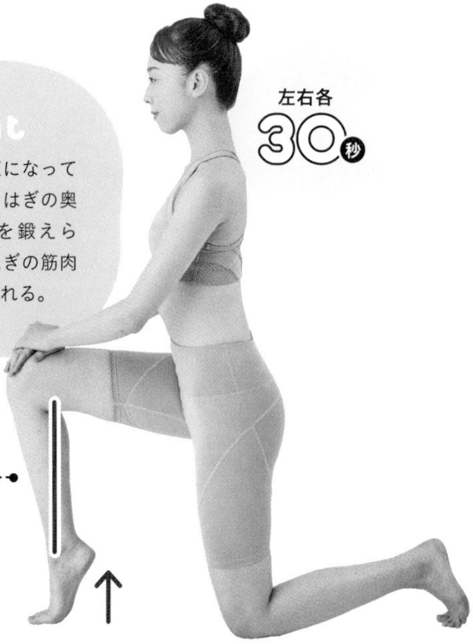

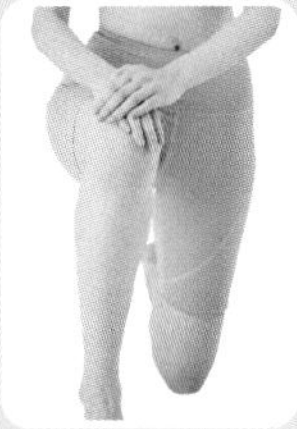

Point

すねが床と垂直になっていると、ふくらはぎの奥にある腓《ひ》骨《こつ》筋《きん》を鍛えられ、外ふくらはぎの筋肉の張りが改善される。

これで効いてる！

外ふくらはぎの、
外側ではなく奥を使っている
実感があればOK！

こんな人はやってみて！

土踏まずに指の第一関節まで入らない

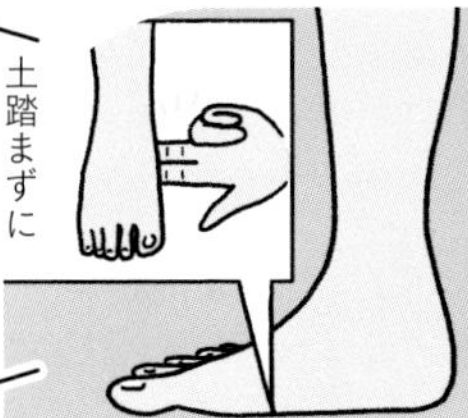

寸胴からほっそり足首に

ひざクイクイ

1 片足を前に出して立つ

ひざを軽く曲げ、重心が体の真下になるようにして、片足を前に出す。肩に力を入れず、手は腰に軽く置く。

Point

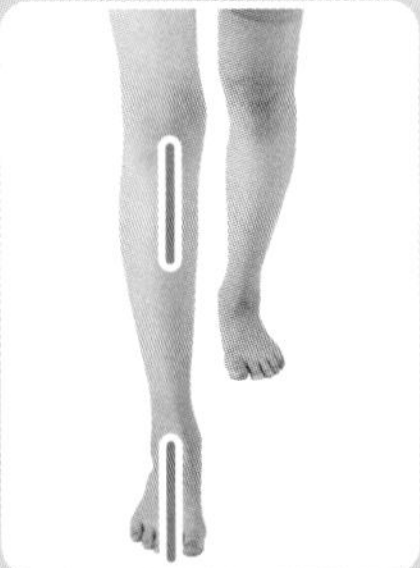

ひざとつま先をまっすぐ正面に向ける。

ひざをクイクイひねって
足首を立てていくよ～

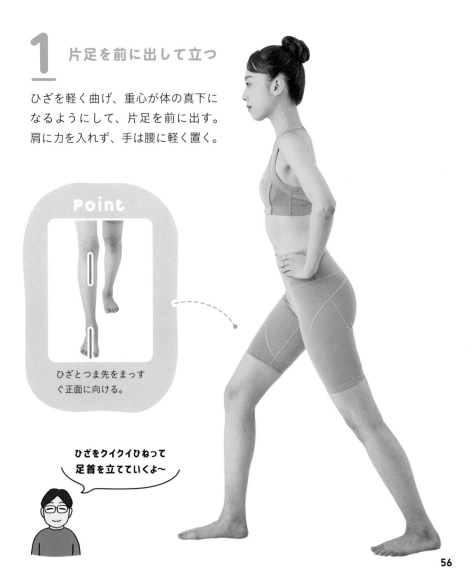

動画も
CHECK!

2 重心を前にして ひざを外側にひねる

足の位置は変えずに、重心を前に移動させる。ひざをまっすぐ前に出した後、外側にひねり、もとの位置に戻す。20回行う。1→2を反対側も同様に行う。

Point

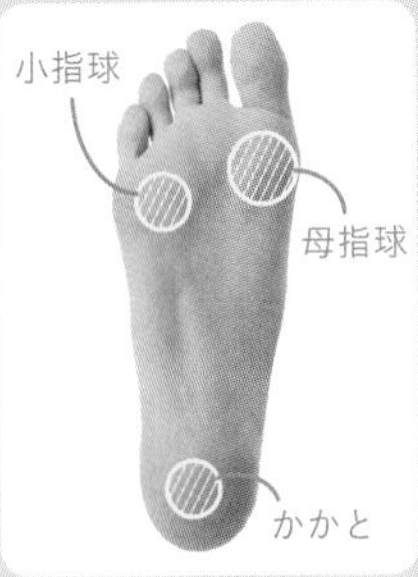
小指球
母指球
かかと

母指球《ぼしきゅう》・小指球《しょうしきゅう》・かかとの3点をしっかり床につける。内側にねじれた足首がまっすぐ上に立って、キュッと引き締まる。

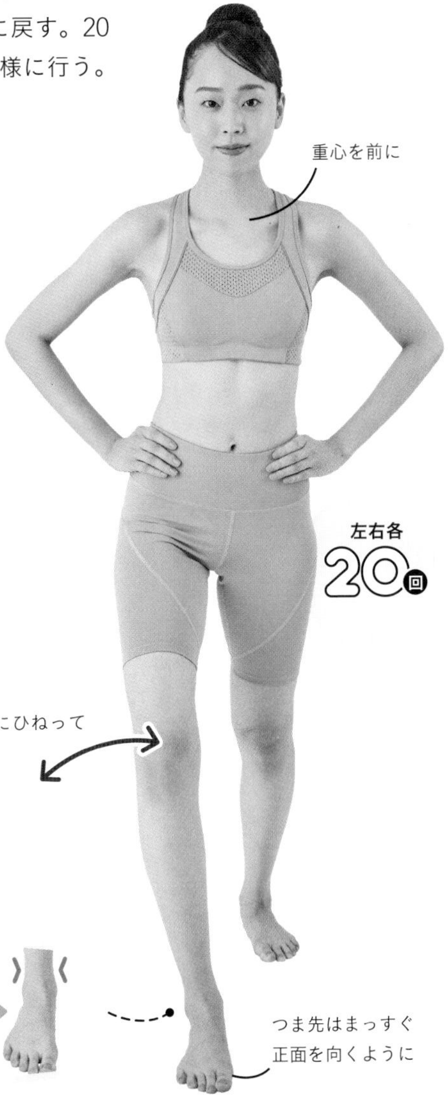
重心を前に
左右各
20回
外側にひねって
戻す
つま先はまっすぐ
正面を向くように

これで効いてる!

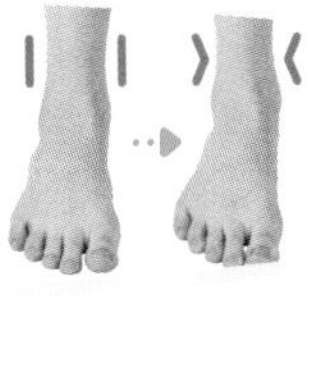

土踏まずに力が入って
足首が立てばOK!

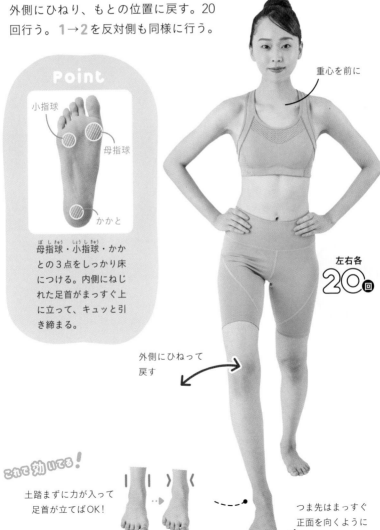

出っ張った外反母趾《がいはんぼし》が改善

親指おじぎ

こんな人はやってみて!

スマホを当てて
すき間に指が入る

指が2本以上入る人は、
症状が重いので行わないでください。

1 片脚を伸ばして座り 指を上げる

片方の脚を伸ばして床に座って、指5本を上げる。このとき、脚を伸ばしすぎて、ひざ裏が床につかないようにする。

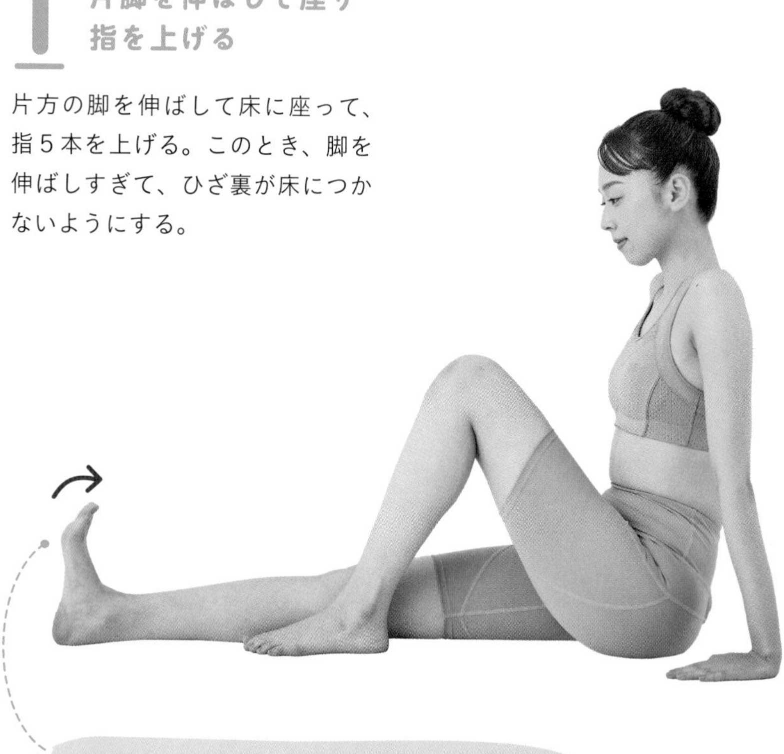

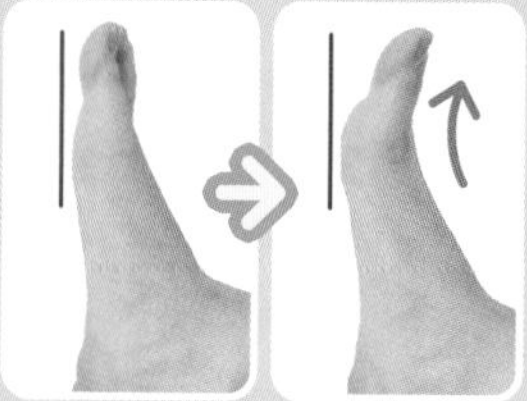

Point

足の指をしっかりと上げる。外反母趾は足の裏の筋肉が弱って、骨が内側に向いてしまっている状態なので、筋肉を鍛えることで骨を引き上げていく。

動画も
CHECK!

2 親指を曲げ伸ばしする

ほかの4指は動かさずに、親指の関節だけ曲げ伸ばしする。20回行う。
1→2を反対側も同様に行う。

ふくらはぎが細くなったり
扁《へん》平《ぺい》足《そく》が改善されたり
という効果もあるよ〜

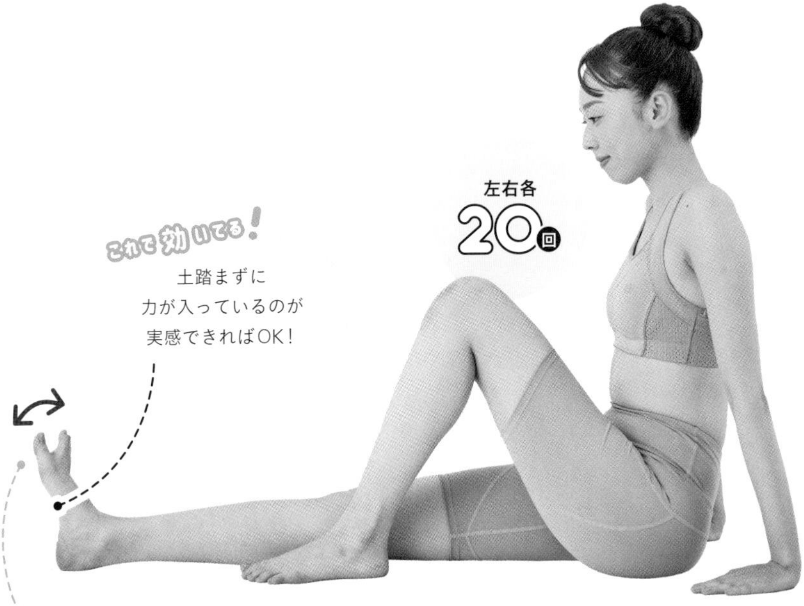
左右各
20回
これで効いてる!
土踏まずに
力が入っているのが
実感できればOK!

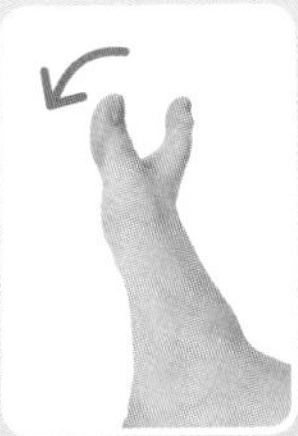

Point

親指だけを曲げ伸ばしすることで、特に足の裏の内側の筋肉が鍛えられる。

卵みたいな小指がほっそり

指で力比べ～

こんな人はやってみて!

小指が丸くて
つるつるか、
三角になっている

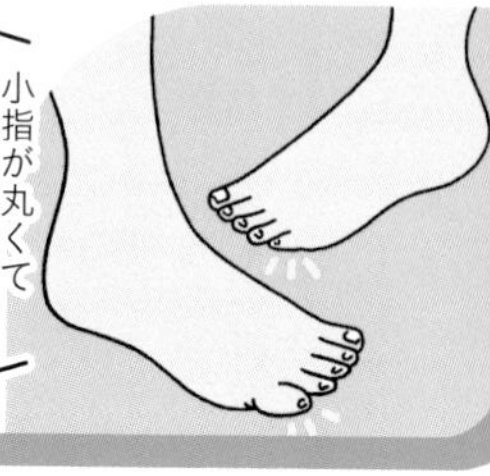

1 座って手の指で小指を持ち上げる

片ひざを立てて床に座り、手の人さし指を引っかけて、足の小指を持ち上げる。

Point

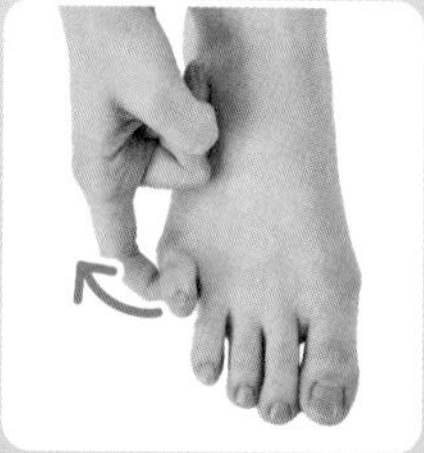

卵小指の原因は、指の筋肉が弱くて外側に指が倒れてしまっていること。小指の筋肉を鍛えることで改善していく。

動画も
CHECK!

2 手の指で引っ張りながら小指を上げ下げする

手の人さし指で上に引っ張りながら、
足の小指を上げ下げする。20回行う。
1→2を反対側も同様に行う。

左右各
20回

Point

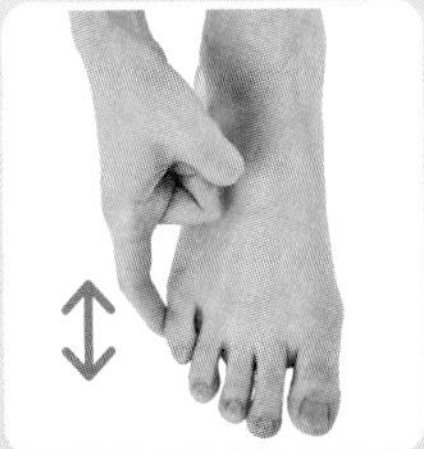

手と足の指で力比べをするようなイメージで、上に引っ張ったり下ろしたりする。

これで効いてる!

小指に力が
入っている実感が
あればOK!

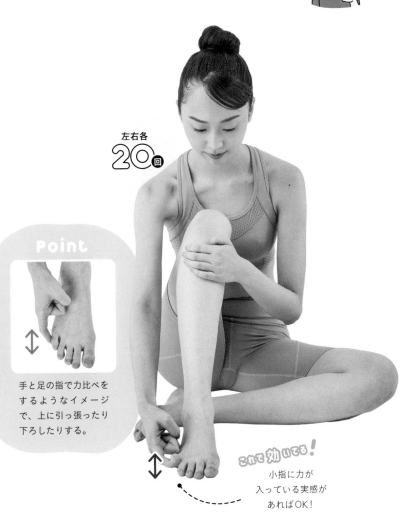

こんな人はやってみて!

脚についた
靴下の跡が消えない

ぽよぽよむくみ脚がスッキリ

脚トントン

1 仰向けになって足を上げる

仰向けになって、ももを胸に引き寄せるイメージで、足を上げる。手は自然な位置に置く。このとき、背中を丸めないようにする。

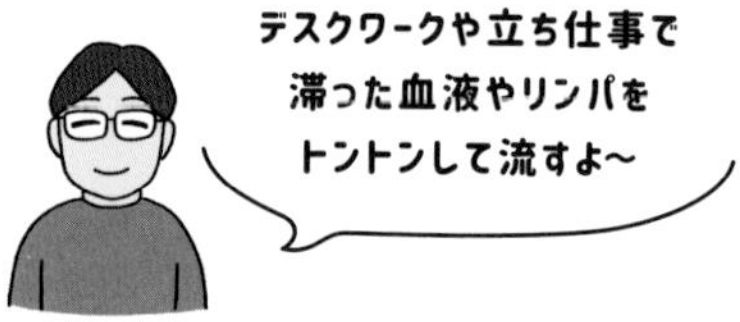
デスクワークや立ち仕事で
滞った血液やリンパを
トントンして流すよ〜

動画も
CHECK!

左右各
30秒

2 片足の甲でもう片方のふくらはぎをたたく

片足の甲で、もう片方のふくらはぎをたたく。足の甲を上下に移動させながら、ふくらはぎから足首までをたたく。30秒行う。1→2を反対側も同様に行う。

これで効いてる！

ふくらはぎがスッキリした実感があればOK！

ふくらはぎから足首までたたく

Point

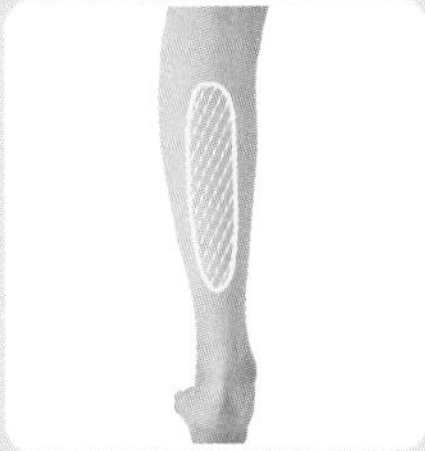

ふくらはぎからひざの裏まで、まんべんなくたたくようにすると、滞った血液やリンパをしっかり流せる。

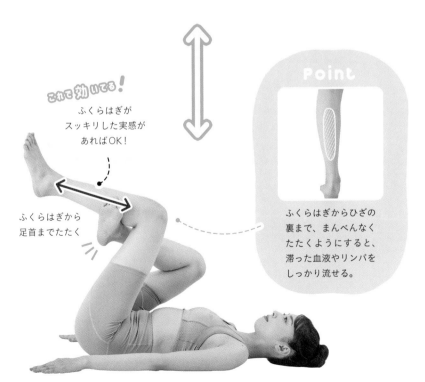

スッと美しい

上半身を作るストレッチ

**美しい上半身を作るお悩み別のストレッチを紹介。
反り腰やぽっこりお腹、背中にはみ出るぜい肉を一掃していきましょう。**

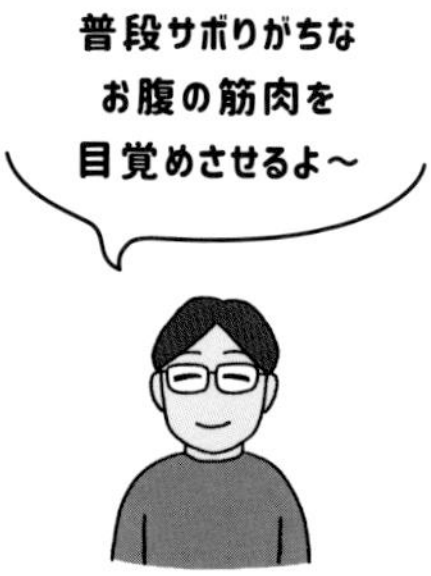
普段サボりがちな
お腹の筋肉を
目覚めさせるよ～

反り腰が改善 ⇒ ▶66ページ

腰が反って下腹がぽっこりしているなら、骨盤が前傾する"反り腰"かも。骨盤を後傾にして背中を丸めながら、お腹の前面にある「腹直筋《ふくちょくきん》」とその上に重なる「腹斜《ふくしゃ》筋《きん》」を鍛えましょう。骨盤の傾きが正しくなって、反り腰が解消。下腹もペタンコに変化していきます。

下腹が引き締まる ⇒ ▶68ページ

ぽっこり下腹に悩んでいる人は、背骨が縮んでお腹が開く姿勢になりがちです。お腹を縮めて背中を伸ばす動きで、肋骨の位置を整えましょう。ぽっこり下腹は消え、反り腰も改善します。

ぺったり下腹に ⇒ ▶70ページ

内臓が下垂するぽっこり下腹は、お腹の筋肉がゆるんでいることも1つの原因。骨がないお腹で内臓を守っているのは、コルセットのような「腹横筋」。この筋肉を鍛えれば、"ぺったり下腹"が誕生。

お腹を引き上げ ⇒ ▶72ページ

骨盤が前傾していると、お腹が前に押し出されやすくなります。骨盤の前側のへその下にある「恥骨《ちこつ》」を引き上げるように筋肉を鍛えると、骨盤の傾きが正されて、お腹も引き上がります。

くびれができる ⇒ ▶74ページ

寸胴な体形の人は、脇腹の筋肉が弱っています。体は前後に動かしても、左右に動かすことは少なく、筋肉がサボりがち。体を左右に伸ばして脇腹の「腹斜筋」を鍛えると、くびれができます。

美姿勢の基本は「骨盤」から。ストレッチで骨盤を正せば、反り腰もぽっこり下腹もきれいになくなるよ〜

巻き肩を改善 ⇒ 76ページ

肩が前に出た状態の巻き肩は、悪い姿勢の代表です。スマホやパソコンの使用が続くと巻き肩になり、背中の筋肉が緊張して、肩こりの原因にも。肩を後ろに引くように筋肉を伸ばすと改善します。

肩甲骨がスッキリ ⇒ 78ページ

肩を回すときなど、肩甲骨に詰まり感があって背中をスムーズに動かせないときは、肩甲骨同士を離すように片方ずつ伸ばすと、背中の筋肉がほぐれます。肩こりの改善にも有効です。

ブラ肉を解消 ⇒ 80ページ

ブラジャー装着時にはみ出る背中のぜい肉も退治したいターゲット。背中にある、腕の付け根から下に広がる「広背筋《こうはいきん》」と肩甲骨の下につく「大円筋《だいえんきん》」を伸ばしましょう。二の腕のたるみも改善します。

呼吸が深く ⇒ 82ページ

反り腰で背骨がガチガチだと肋骨が締め付けられて肺が広がらず、呼吸は浅くなりがちです。つながった背中の骨を1つずつ動かしてほぐし、肋骨と肺が広がようにすると呼吸が深くできるようになります。

首を自然なカーブに ⇒ 84ページ

アゴを突き出してスマホを見る姿勢では、首の後ろが詰まって前が伸び、本来あるべき首の湾曲がなくなる“ストレートネック”に。首の前側の筋肉を鍛える動きで、首にカーブが復活します。

二の腕がスッキリ ⇒ 86ページ

二の腕の“振袖肉”に悩む人が多いのは、引き締めるために必要な腕の「上腕三頭筋」を日常生活では使いにくいため。ひじを固定したまましっかり伸ばすと、二の腕がスッキリしてきます。

こんな人はやってみて！

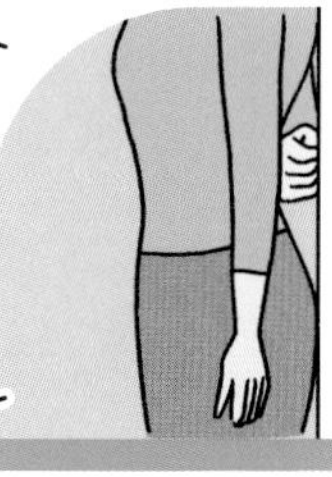

背中を壁につけると
腰にこぶしが入る

反り腰や下腹の出っ張りが改善

タオル縄跳び

1 タオルを持って仰向けになり腕を上げてももを胸に引き寄せる

両手でタオルを持ち、仰向けになって、ひざを立てる。タオルを持ったまま手をまっすぐ上げ、ももを胸に引き寄せて背中を丸める。

手は肩幅よりも
開く

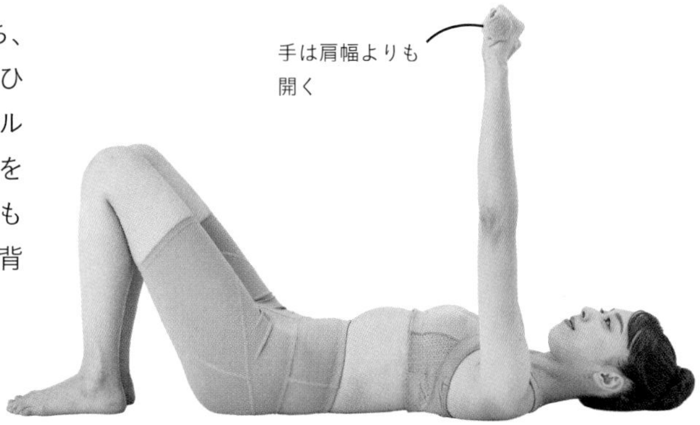

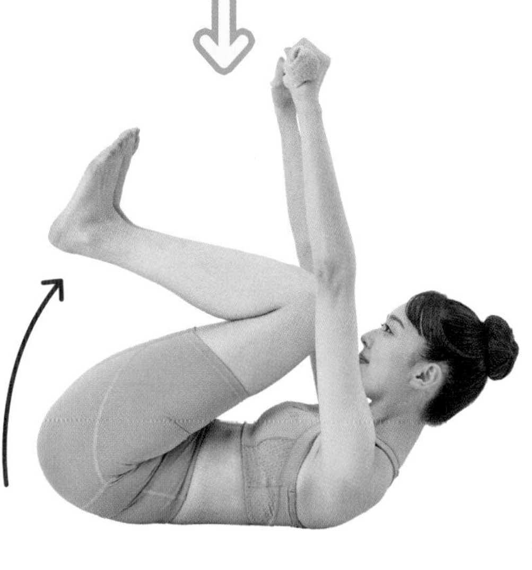

よい姿勢を
維持するための
腹直筋《ふくちょくきん》と腹斜筋《ふくしゃきん》を
鍛えていくよ～

動画も
CHECK!

2 タオルを持った腕を床に下ろす

ももを胸に引き寄せたまま、タオルを持った腕を足とお尻の下に通すようにして床に下ろす。タオルを持ったまま、手を1の位置に戻す。20回行う。

Point

難しい場合、へそを見て体を丸めるよう意識するとよい。できない人は、タオルを放るようにして行う。

ひざは
閉じる
背中は丸める

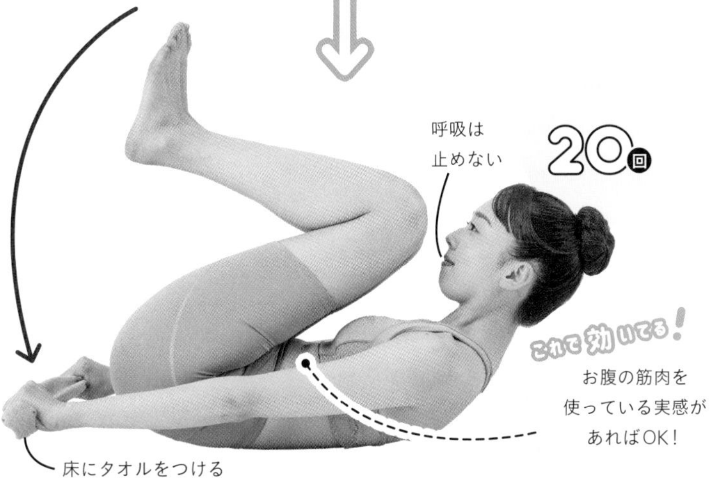
呼吸は
止めない
20回
これで効いてる!
お腹の筋肉を
使っている実感が
あればOK!
床にタオルをつける

ぽっこり下腹が引き締まる

お腹プルプル

こんな人はやってみて！

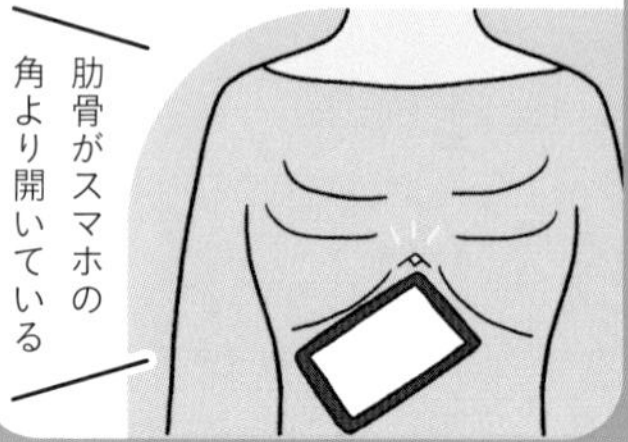
肋骨がスマホの角より開いている

1 よつんばいになって骨盤を後傾させる

よつんばいになる。手は肩幅、ひざは股関節の幅に開き、つま先は立てる。このとき、肩甲骨は開き、骨盤は後傾させる。

背中が縮んで
肋骨が開いているのを
改善していくよ～！

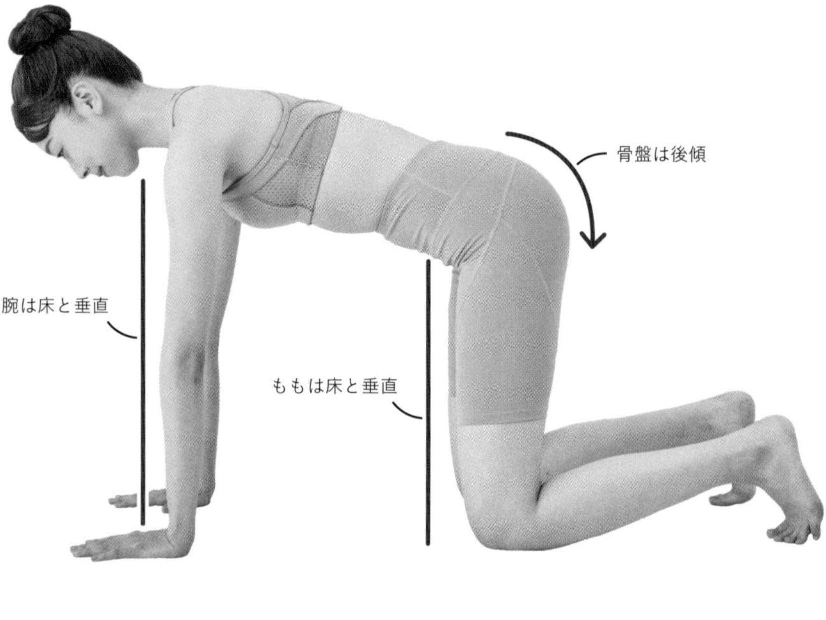
骨盤は後傾
腕は床と垂直
ももは床と垂直

動画も
CHECK!

2 背中を丸める

手で床を押すようにして、背中を丸める。このとき、首が下のほうへ突き出さないようにする。

耳と目のラインは
床と垂直
背骨をしっかりと
カーブさせる
床を
垂直に押す

3 ひざを上げたまま キープ

ひざを少し上げる。あごを引かないようにして、真下を見るようにする。20秒キープする。

20秒
これで効いてる！
お腹の筋肉に
力が入ってプルプル
すればOK！
真下を
見る
5cmほど上げる

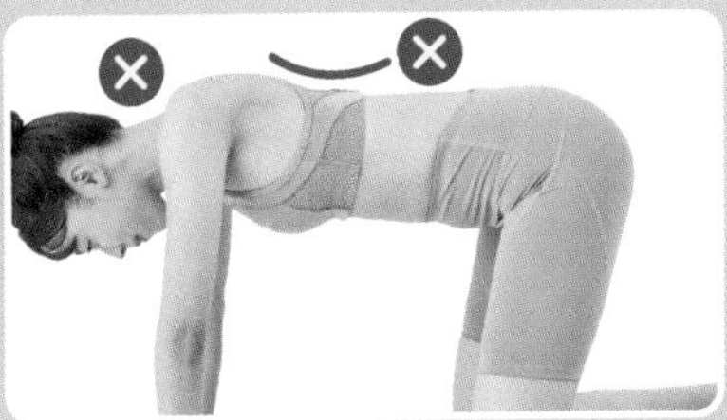

NG

肩甲骨と肋骨をつなぐ前鋸筋《ぜんきょきん》を鍛えて、縮んだ背中と肋骨の開きを戻すストレッチ。首が出て背中がつぶれていると鍛えられない。

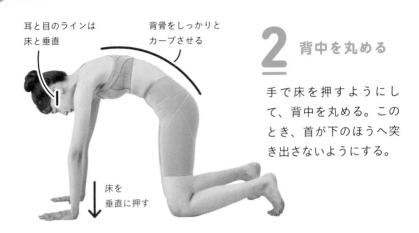

こんな人はやってみて!

力を入れても
下腹がへこまない

フッ

出っ張り下腹をぺったりに

内臓ギュ〜ッと

1 よつんばいになって お腹の力を抜く

筋肉を鍛えて
内臓が出っ張って
いるのを直すよ〜!

よつんばいになる。手は肩幅、ひざは股関節の幅に開き、つま先は立てる。このとき、息を吸いながらお腹の力を抜いて、下に垂れるようにする。

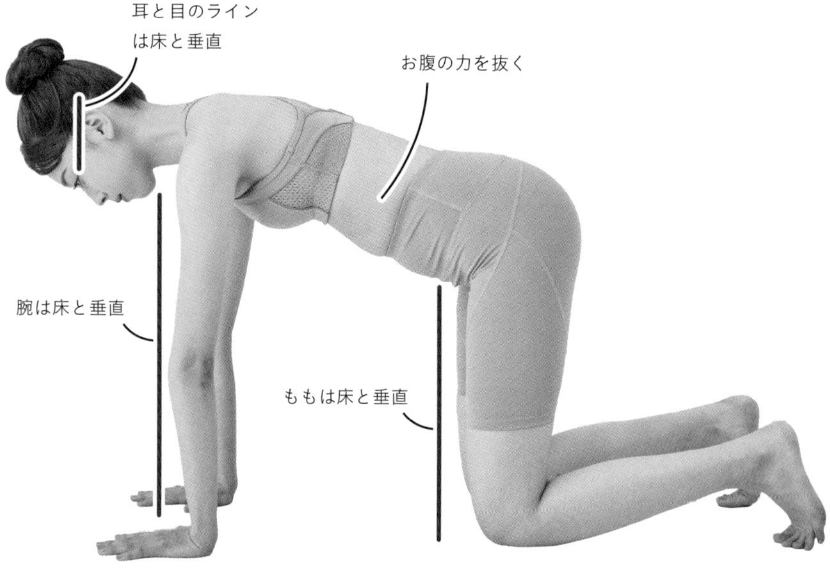
耳と目のライン
は床と垂直
お腹の力を抜く
腕は床と垂直
ももは床と垂直

動画も
CHECK!

2 力を入れて お腹をへこませる

下に垂れたお腹を引き上げるように、息をはきながら、お腹に力を入れてへこませる。お腹の力を抜くのと、へこませるのを、20秒くり返し行う。

NG

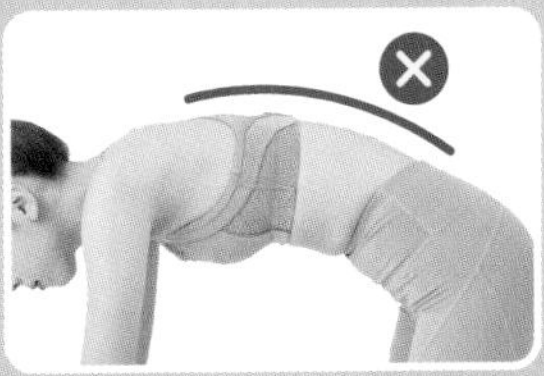

お腹を囲むコルセット筋（腹《ふく》横筋《おうきん》）を鍛えて、前に出た内臓の位置を戻すのがねらい。肩が顔のほうに上がって背中が丸まっていると、効かないので注意。

20秒

これで効いてる！
終わった後にお腹が
グッと引き締まった
実感があればOK！
息をはく

こんな人はやってみて！

息を大きく吸うと
胸よりお腹が出る

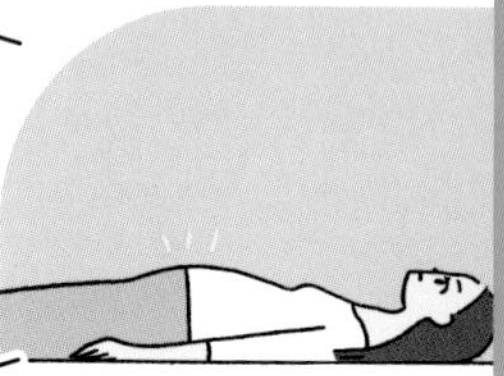

垂れたお腹を引き上げ

恥骨グイ〜ン

1 仰向けになって 恥骨のところに指を当てる

仰向けになって、ひざを立てる。このとき、足が体から離れすぎないようにする。恥骨とへその間に指を当てる。

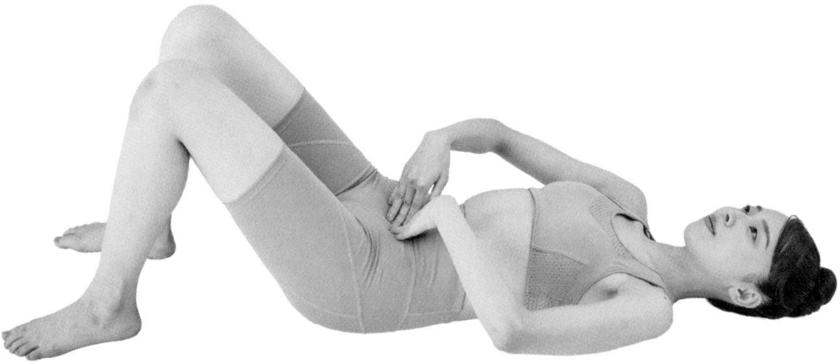

お腹が垂れているのを
恥骨の上の筋肉を鍛えて
引き上げるよ〜

動画も
CHECK!

2 骨盤を後傾させながらお尻を上げる

骨盤を後傾させながら、恥骨の上の筋肉で指を押すイメージでお尻を上げ下げする。20回行う。

Point

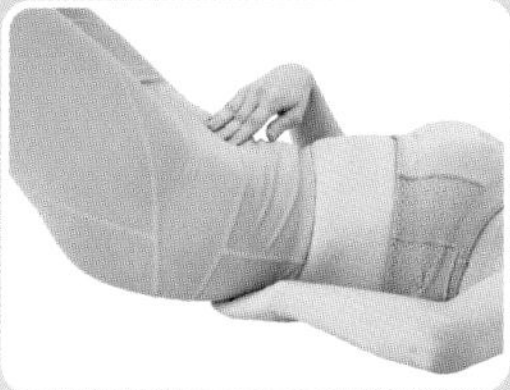

うまくできない人は、片手を腰の下に入れて、押しつぶすようなイメージで行うといい。

これで効いてる!

筋肉で指が上に
グイ〜ンと押し返される
実感があればOK!

20回

息をはく

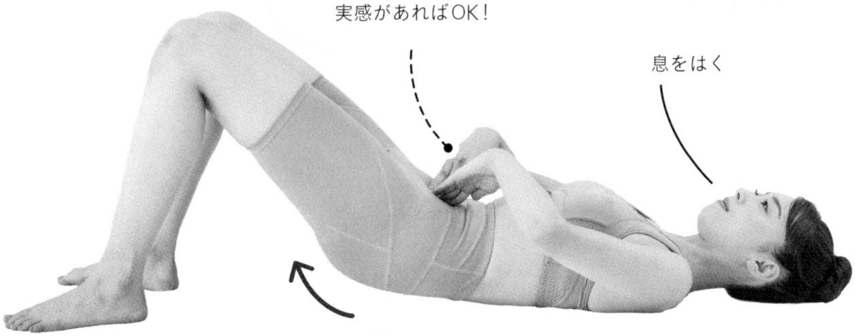

骨盤を後傾させて
尾てい骨を上げる

こんな人はやってみて!

くびれがなく体側に引き締まった感じがない

?

引き締まったくびれができる

体側上《うえ》伸び

1 タオルを持って腕を上げ さらに腕を伸ばす

両手でタオルを持ち、そのままバンザイをするように上げる。手は肩幅よりも開く。そこから肩を上げるようにして、さらに腕を上に伸ばす。

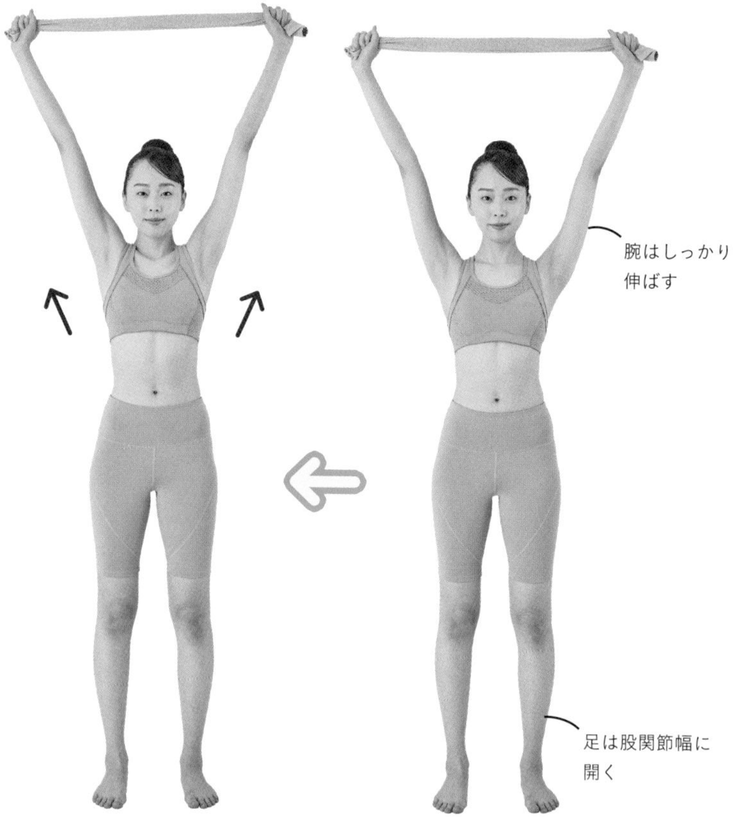
腕はしっかり伸ばす
足は股関節幅に開く

動画も
CHECK!

2 腕を挙げたまま上半身を横に倒す

腕を挙げたまま、息をはきながら上半身をゆっくり横に倒す。足の裏をしっかり床につけ、腕と引っ張り合うイメージで、腕を上に伸ばしながら行う。息を吸いながら1の姿勢に戻る。10回行う。1→2を反対側も同様に行う。

左右各
10回

これで効いてる!
横に倒したときに、
体の側面が伸びている
実感があればOK!

腕と引っ張り合う
イメージ

NG

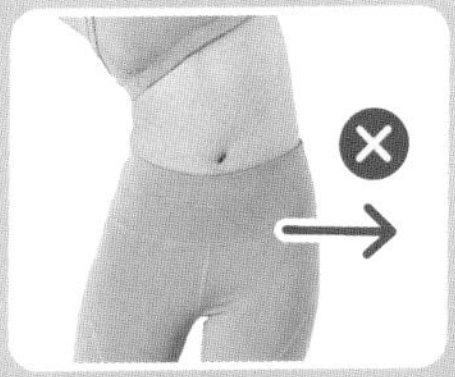

腰を横に動かしてしまうと、ターゲットである腹斜筋《ふくしゃきん》に効かない。

前に出た巻き肩を美しく改善

上腕ジリジリ

こんな人はやってみて！

手を滑らせると
肩が出て引っかかる

1 片方の肩甲骨を中央に寄せ手のひらを正面に向ける

片方の肩甲骨を背中の中央に引き寄せる。肩甲骨を引き寄せたほうの手のひらを、正面に向ける。

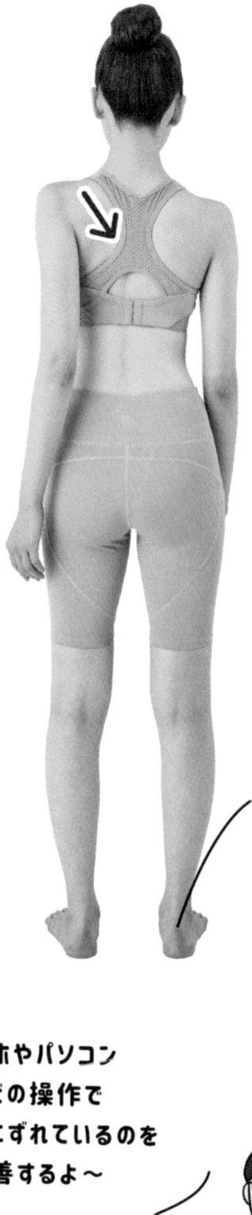

足は
股関節幅に
開く

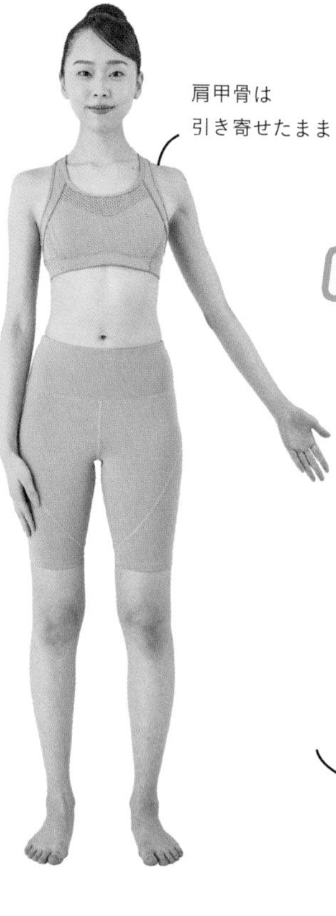

肩甲骨は
引き寄せたまま

**スマホやパソコン
などの操作で
肩が前にずれているのを
改善するよ〜**

動画も
CHECK!

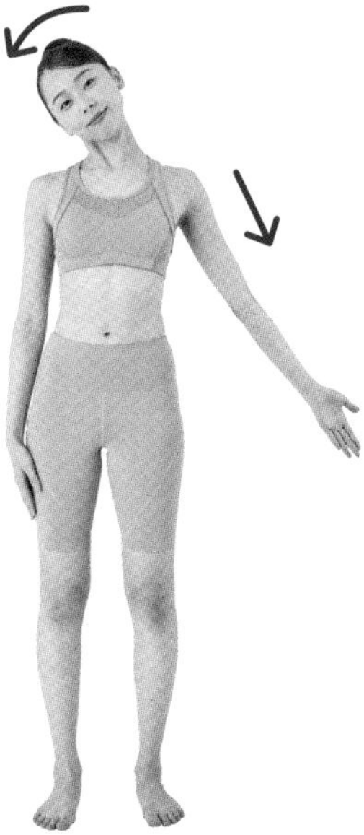

2 頭を反対側に倒し肩を下げる

手のひらを正面に向けたほうと反対に頭を倒し、肩を下げる。

3 手を上げたままキープする

突っ張りを感じるところまで手を上げ、そのまま30秒キープする。首は斜め上、腕は斜め下に引っ張るようにする。1～3を反対側も同様に行う。

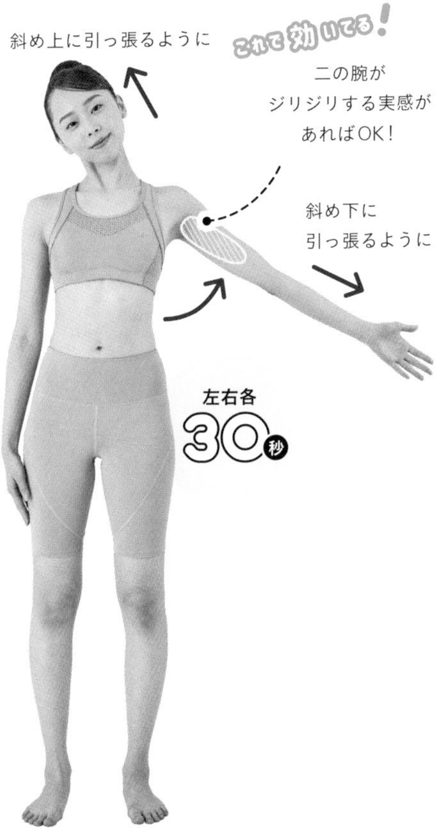
斜め上に引っ張るように
これで効いてる!
二の腕が
ジリジリする実感が
あればOK!
斜め下に
引っ張るように
左右各
30秒

Point

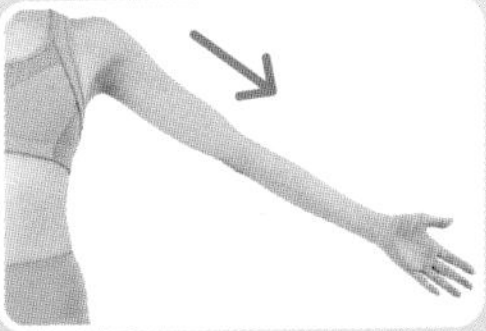

腕をしっかり伸ばすことで、肩が正常な位置にリセットされる。

肩甲骨の詰まり感がスッキリ

マジ伸び肩甲骨

こんな人はやってみて!

腕を前に伸ばすと
肩甲骨に
詰まりを感じる

1 ひざを立てて座って片手で反対側の足をつかむ

ひざを立てて床に座り、片手をお尻の横に置く。もう片方の手で、反対側の足を外側からつかむ。

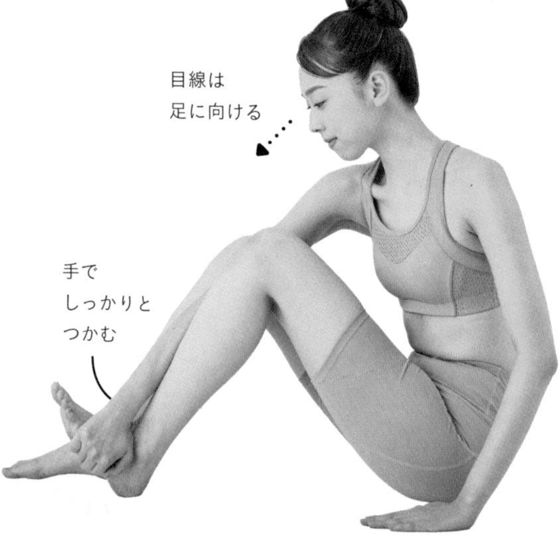
目線は
足に向ける
手で
しっかりと
つかむ

じつは伸ばせていない
肩甲骨の間をしっかり
伸ばしていくよ～

動画も
CHECK!

2 足を前に移動させ肩甲骨の間をしっかり伸ばす

片手でつかんだまま、足を前に移動させる。肩甲骨の間を限界まで伸ばしたら、30秒キープする。1→2を反対側も同様に行う。

これで効いてる！

腕を伸ばした側の肩甲骨が伸びている実感があればOK！

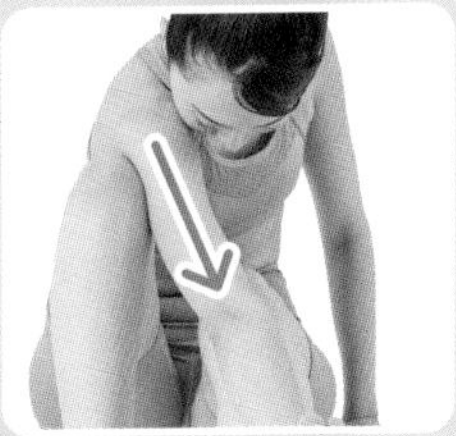

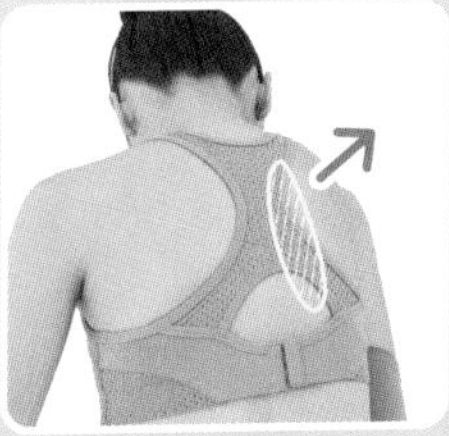

Point

足の力を使ってしっかり伸ばすのがポイント。肩甲骨の間が伸び、可動域が広がる。

こんな人はやってみて！

バンザイをして腕が耳の前に来る

ぽよぽよ乗ったブラ肉を解消

わきビキビキ

1 よつんばいになって片手を前につく

よつんばいになる。手は肩幅、ひざは股関節の幅に開き、つま先は立てる。その後、片方の腕を伸ばして、手の側面をもう片方の手の前につく。

Point

背中にある、腕の付け根から下に広がる広《こう》背《はい》筋《きん》と肩甲骨の下につく大《だい》円《えん》筋《きん》を伸ばして、ラインをスッキリさせるストレッチ。手のひらをつけずに、小指側の側面をつくと、しっかり伸びる。

動画も
CHECK!

2 体を後ろに引いて腕を伸ばす

前の手の側面を床につけたまま、体を後ろに引く。背中は丸めずに、腕をまっすぐ伸ばすようにする。

背中は
まっすぐのまま
後ろに引く
手はしっかり
床につけたまま

3 体を傾けて腕を伸ばしてキープする

前の腕のほうへ体を傾けて、腕の付け根をしっかり伸ばす。30秒キープする。1 ～ 3を反対側も同様に行う。

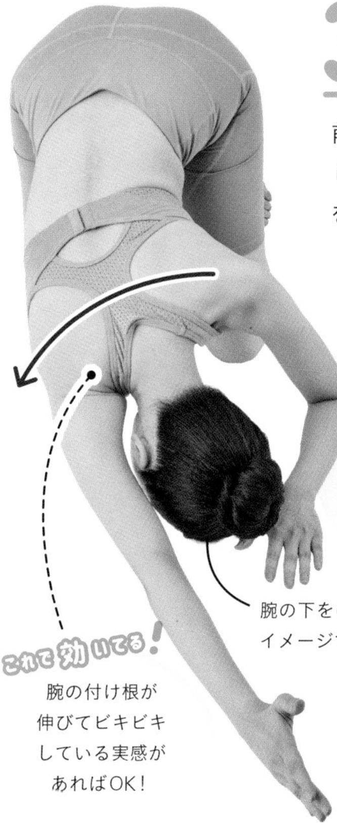
腕の下をのぞく
イメージで行う
これで効いてる!
腕の付け根が
伸びてビキビキ
している実感が
あればOK!

左右各30秒

NG

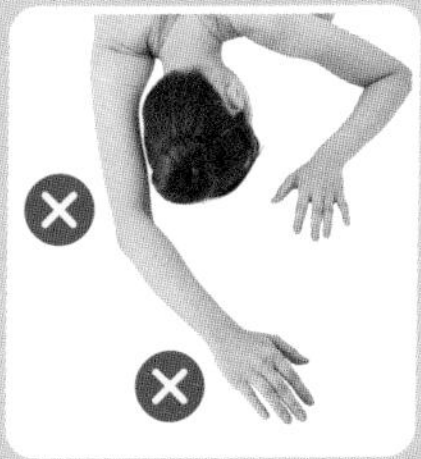

手のひらやひじを床につけると、ターゲットである広背筋と大円筋がしっかり伸びない。

息がしっかり吸えるようになる

カメストレッチ

こんな人はやってみて!

大きく吸っても
背中が広がらない

1 正座して両手をひざの横に置く

正座して、腕は広げすぎずに、両手をひざのすぐ横に置く。

目線はまっすぐ
前に向ける

カメみたいな動きで
背骨をほぐして
肋骨と肺を広げるよ～

動画も
CHECK!

2 手で床を押しながら背中を丸める

手の位置は変えずに、両手で床を押しながら背中を丸める。息を吸いながら行う。

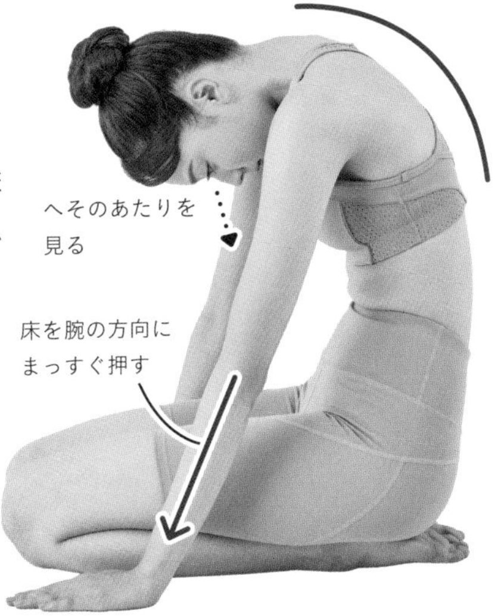
へそのあたりを
見る
床を腕の方向に
まっすぐ押す

3 息をはきながら背中と首を伸ばす

手を床についたまま、息をはきながら、背中と首を伸ばして胸を張る。2→3を20回行う。

これで効いてる!
肋骨が広がって
呼吸がラクになった
実感があればOK!
20回
腰は反らない

NG

肩をすくめたり、速く行ったりすると、しっかり肋骨が広がらない。1回1回ていねいに行う。

こんな人はやってみて!

頭を上げると
アゴから上がる

突き出た首を自然なカーブに

頭空中浮遊

1 仰向けになって アゴを少し引く

仰向けになって、ひざを立てる。このとき、足が体から離れすぎないようにする。アゴを少し引く。

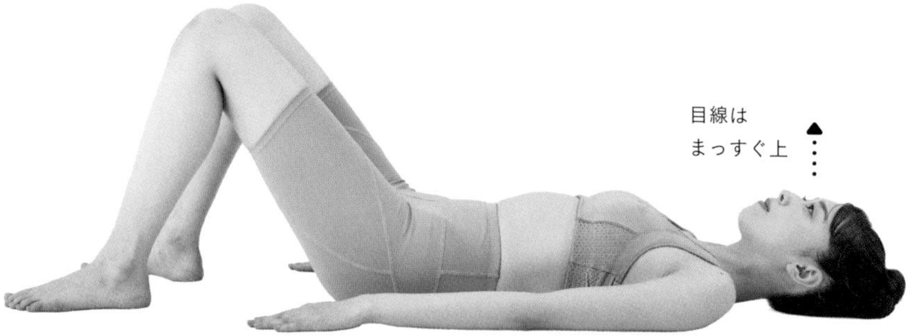
目線は
まっすぐ上

首の後ろが詰まって
前が伸びているのを
直していくよ～

動画も
CHECK!

2 頭を浮かせたまま キープする

首の前側に力を入れて頭を
浮かせ、20秒キープする。

20秒
これで効いてる!
首の前の筋肉を
使えている実感が
あればOK!
耳と目のラインが
床と垂直
おでこが
上がる

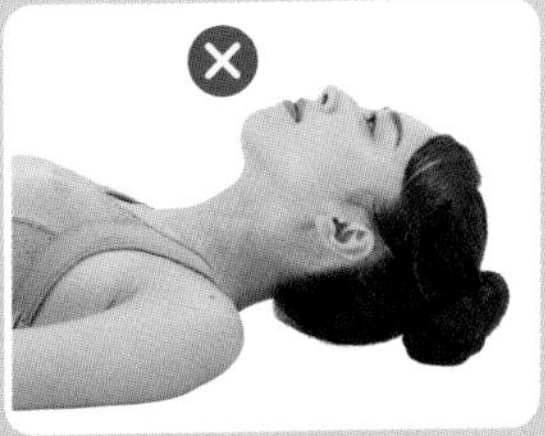
×

NG

アゴを上げてしまわない。首の前にある筋肉を使うことを意識して、頭を浮かせよう。

こんな人はやってみて!

肩に手を当てた腕が垂直に上がらない

たぷたぷ二の腕がスッキリ

二の腕グー伸び

1 よつんばいの姿勢から片手を肩に置く

両ひじを床についた状態でよつんばいになる。ひざは股関節の幅に開き、つま先は立てる。片方のひじを前にずらし、指を肩に置く。

筋肉が硬くなり
血流が滞って
たるんでいるのを
改善するよ～

肩に手を置く

動画も
CHECK!

2 お尻を後ろに引いて二の腕を伸ばす

肩に手を置いたほうのひじを床につけたまま、お尻を後ろに引く。呼吸を止めずに30秒キープする。1→2を反対側も同様に行う。

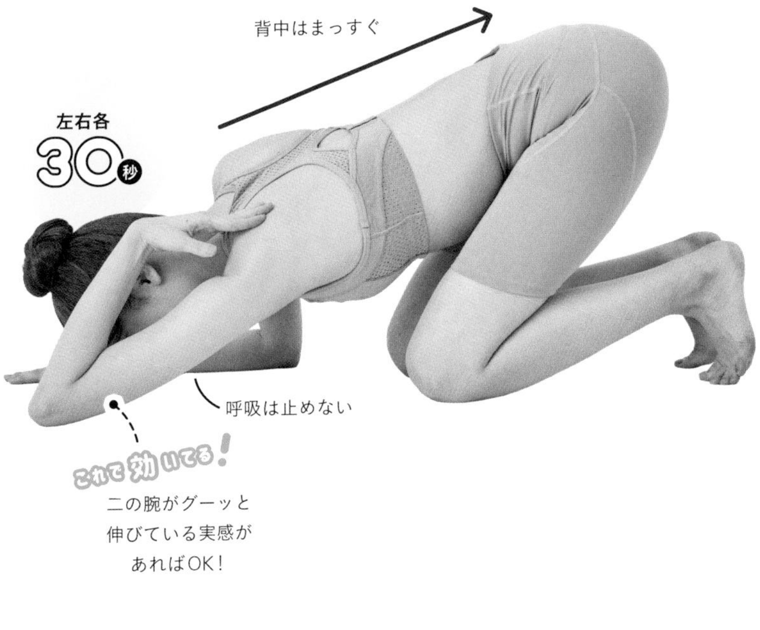
背中はまっすぐ
左右各30秒
呼吸は止めない

これで効いてる！
二の腕がグーッと
伸びている実感が
あればOK！

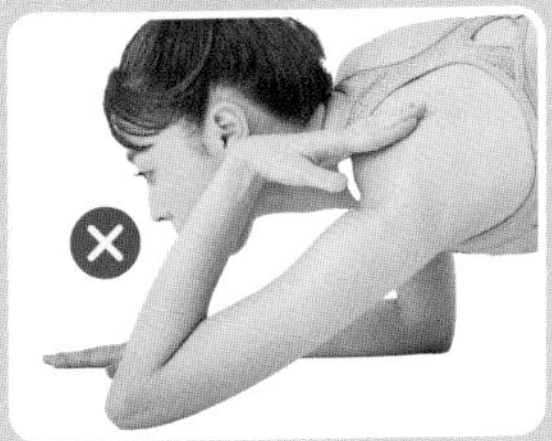

NG
アゴを上げてしまうと、二の腕の筋肉がしっかり伸びない。

これで完成！

全身美人ストレッチ

気になる部位のストレッチを行ったら、仕上げにこのストレッチを！
ウエストと脚がキュッと引き締まります！

1 片ひざをついて もう片方の脚を広げる

床に片ひざをついて、もう片方の脚を広げ、腕は自然に下ろす。このとき、ひざをついた脚と上半身が、床と垂直になるようにする。

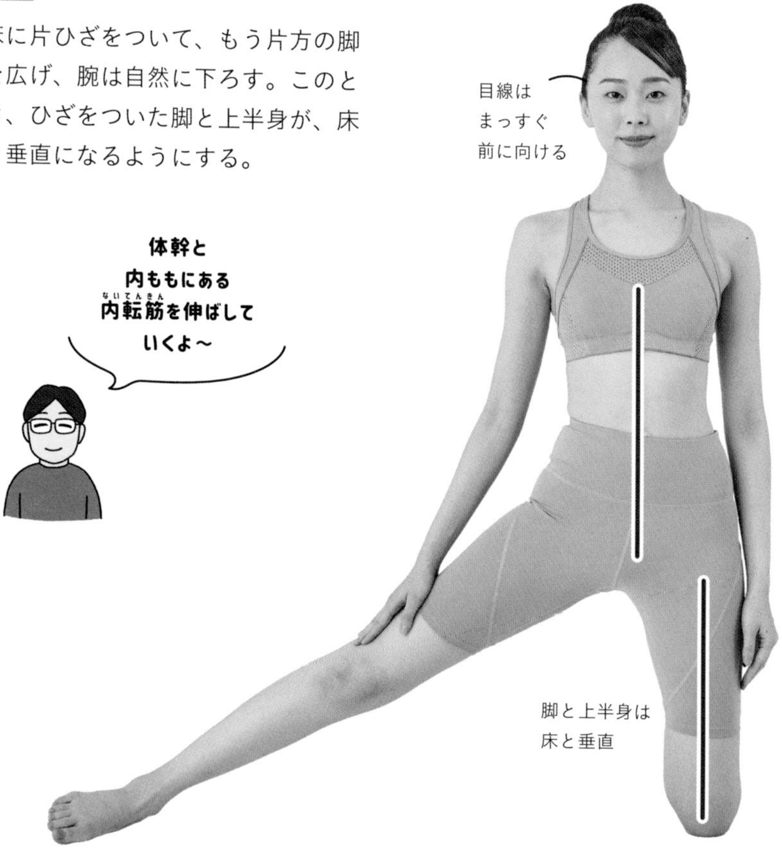
体幹と
内ももにある
内転筋《ないてんきん》を伸ばして
いくよ～
目線は
まっすぐ
前に向ける
脚と上半身は
床と垂直

動画も
CHECK!

2 片手を床につきもう片方の手を側頭の側面に当てる

脚を広げた側の手を前について、もう片方の手を頭の側面に当てる。どちらの手もしっかりと開く。

3 腕を上げて上半身をひねる

頭に手を当てた側の腕を上げ、上半身をゆっくりとひねって、2の姿勢に戻る。20回行う。
1 ～ 3 を反対側も同様に行う。

左右各
20回
これで効いてる！
お腹と内転筋が
伸びている実感が
あればOK！

Point

手と脚の内側で体をしっかりと支えて行うと、内転筋をしっかり伸ばすことができる。

悩み別おすすめルーチン❶

とにかく脚を細くしたい

こうなる！

☑ 前ももの張りがとれる　☑ ふくらはぎが細くなる

朝：ももほぐしトライアングル

1 片ひざを折って座る。もう片方のひざは前に立てる。

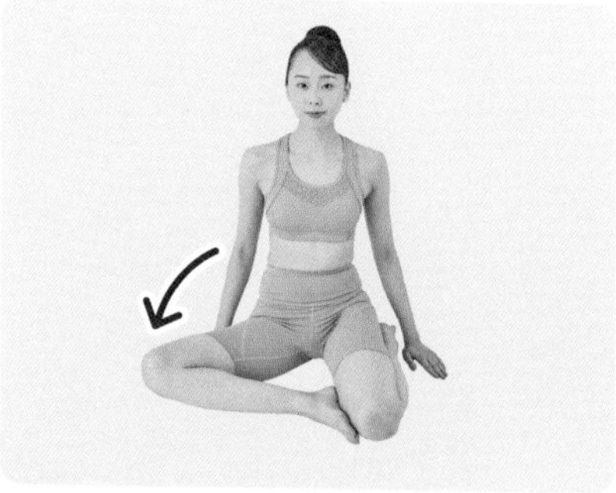

2 立てたひざを横に倒し、反対のひざに足をつける。

背中は丸める
股関節と両ひざが
正三角形に
なるように

3 ひざを倒したほうに上半身をひねって、片ひじを床につける。30秒キープする。1～3を反対側も同様に行う。

動画も
CHECK!

昼：マジ効き屈伸 → 50ページでくわしく紹介

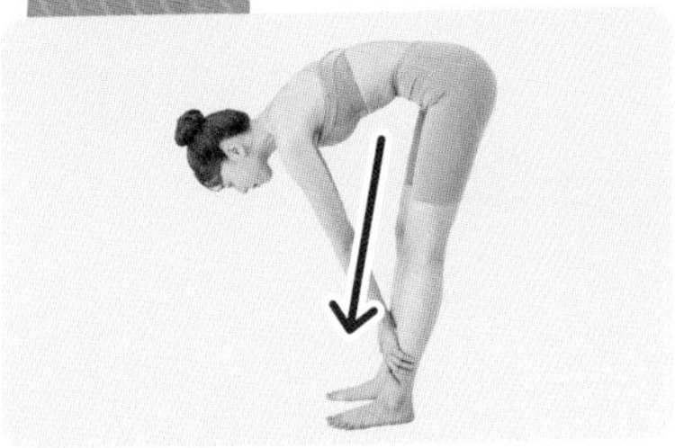

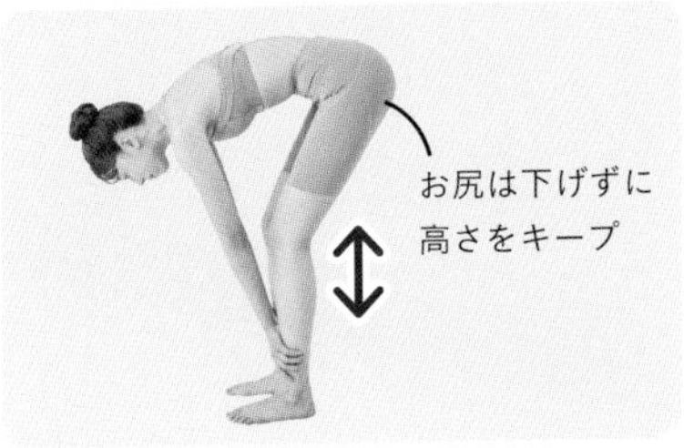
お尻は下げずに
高さをキープ

1 手を前ももから下へゆっくりと滑らせながら、限界までかがんで、脚をつかむ。

2 足首をしっかりとつかんだまま、ひざを曲げ伸ばしする。20回行う。

夜：前ももふわふわ → 20ページのやり方でもOK

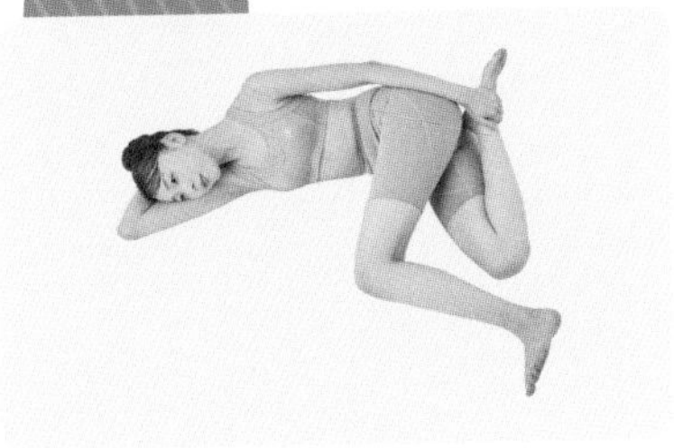

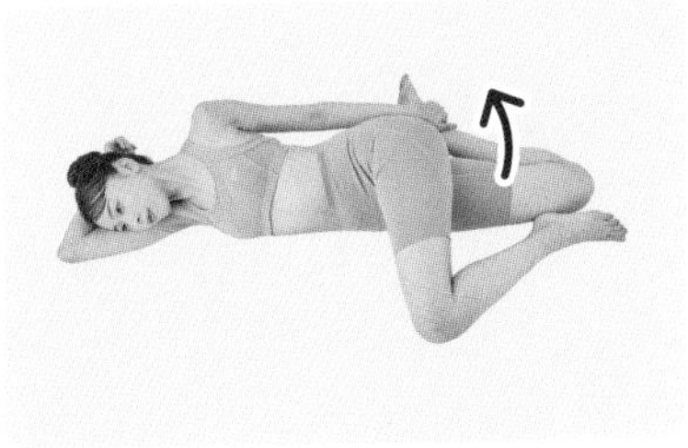

1 横向きに寝て、上の手で下の足をつかむ。

2 つかんだほうの脚を後ろに引く。

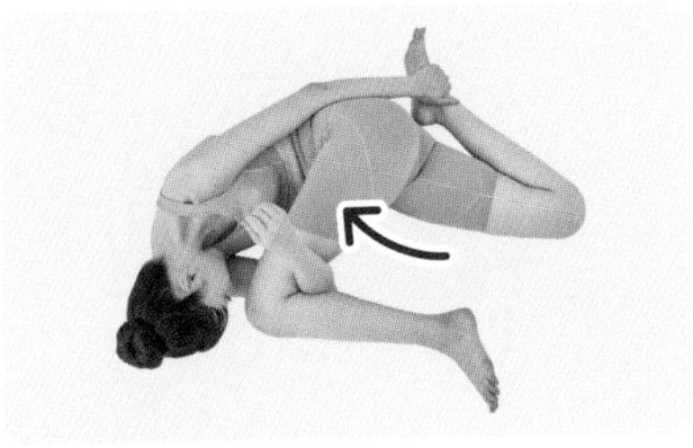

3 下の腕を上のひざ裏に通し、ももを胸に引き寄せる。30秒キープする。1～3を反対側も同様に行う。

悩み別おすすめルーチン❷

脚をまっすぐにしたい

こうなる!

☑ ひざ下のねじれを改善　☑ つま先の外へのねじれを改善

朝：ひざ下ねじねじ

1 片ひざを立てて座り、ひざを正面に向ける。ふくらはぎを外側から、すねを内側からつかむ。

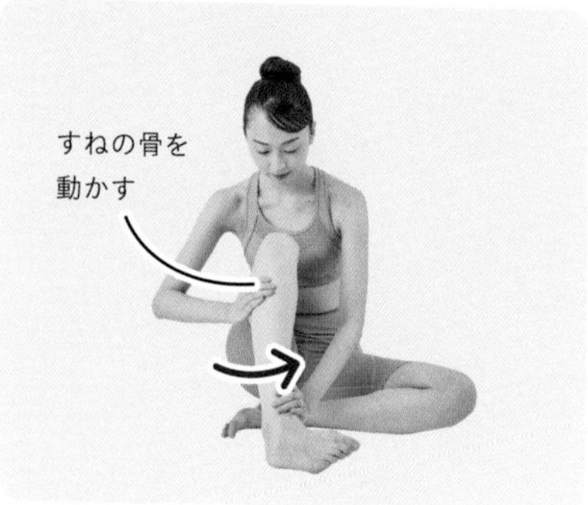

2 ひざは動かさずに、すねを内側にねじる。すねの動きは手でサポートする。1の位置に戻す。20回行う。1→2を反対側も同様に行う。

動画も
CHECK!

昼：つま先内入れストレッチ

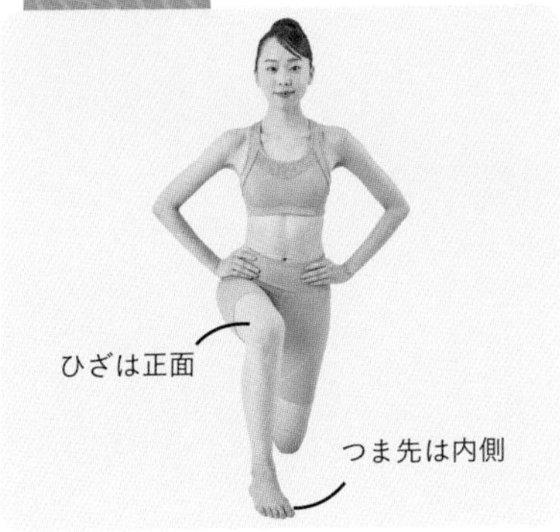
ひざは正面
つま先は内側

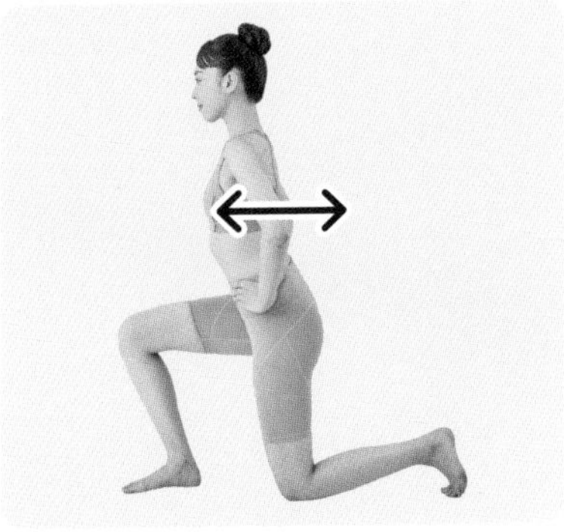

1 片ひざを床につく。このとき、もう片方の足のつま先は内側、ひざは正面を向くようにする。

2 足の裏が浮かないようにして、前に体重をかけ、1の姿勢に戻る。20回行う。1→2を反対側も同様に行う。

夜：菱形スクワット →52ページでくわしく紹介

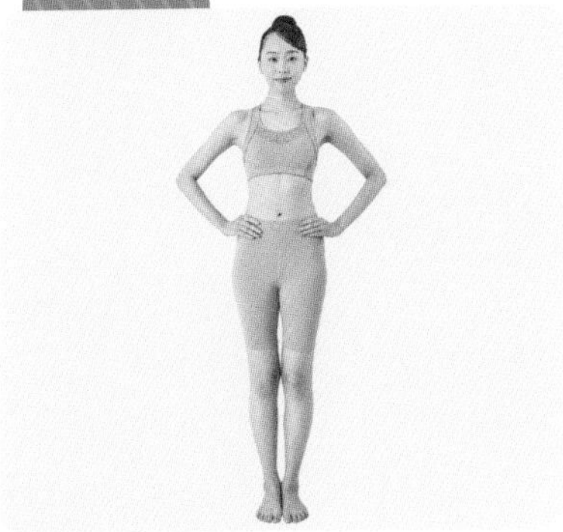

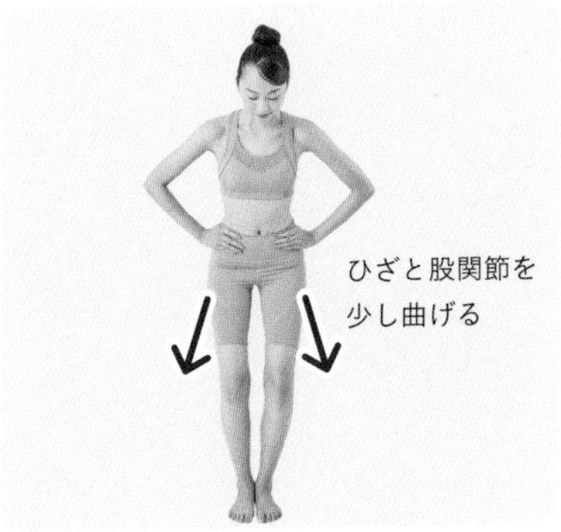
ひざと股関節を
少し曲げる

1 足を閉じ、内側をくっつけて立つ。手は腰に軽く置く。

2 ひざを外側に開くようにして、曲げ伸ばしする。20回行う。

悩み別おすすめルーチン❸

姿勢を美しく保ちたい

こうなる!

- ☑ 上半身を支える腹筋がつく
- ☑ 背すじが伸び筋肉もつく

朝：カメストレッチ→82ページでくわしく紹介

1 正座して、両手をひざのすぐ横に置く。

2 息を吸いながら、背中を丸める。

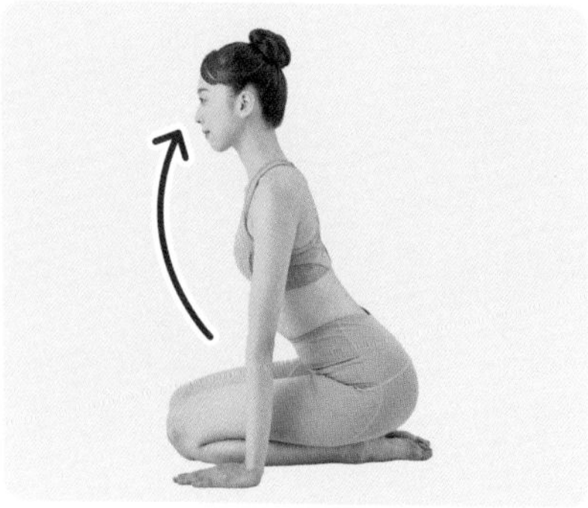

3 息をはきながら、背中と首を伸ばして胸を張る。**2→3**を20回行う。

動画も
CHECK!

昼：卵ストレッチ

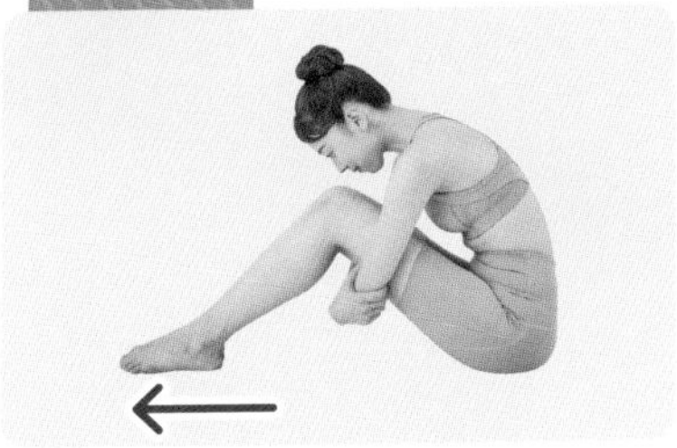

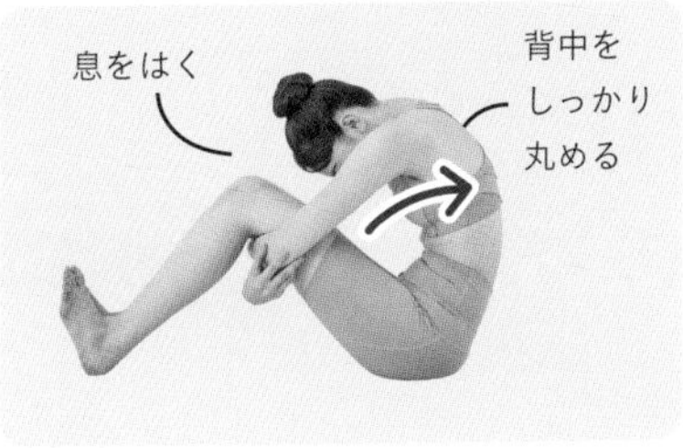
息をはく
背中を
しっかり
丸める

1 ひざを立てて座り、両腕でももをかかえる。そのまま、足を前に移動させる。

2 つま先を上げながら、体を後ろに引く。**1**の姿勢に戻る。20回行う。

夜：ニョキニョキカタツムリ

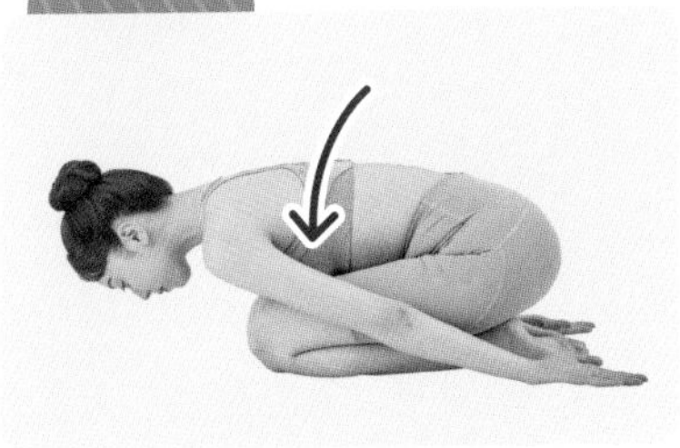

息をはく

1 正座して、背筋を伸ばしたまま上半身を前に倒す。

2 おでこがひざにつくくらいまで、背中を丸める。

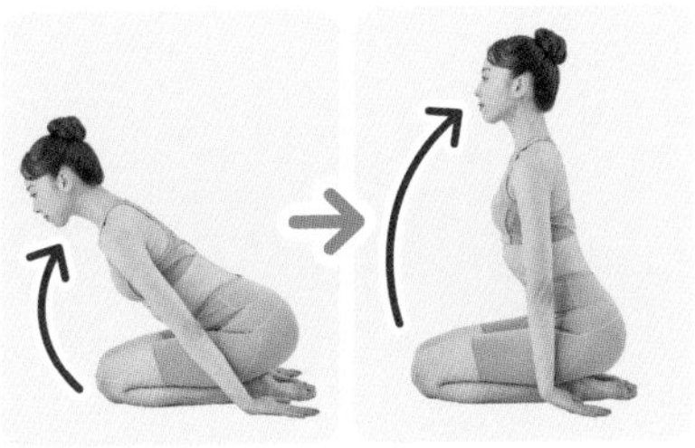

3 上半身を起こして胸を張る。**1**～**3**を10回行う。

PART 2 — 全身整う「やせ骨格」ストレッチ

悩み別おすすめルーチン④

脚のむくみをとりたい

こうなる！

- ☑ 脚をほぐして血行をうながす
- ☑ 冷え性も改善

朝：脚トントン →62ページでくわしく紹介

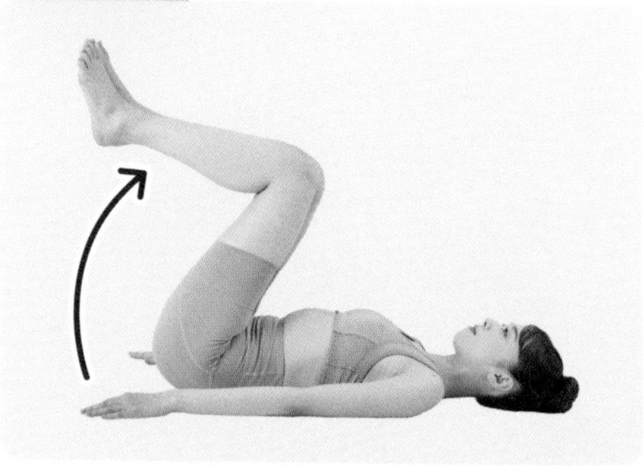

1 仰向けになって、足を上げる。

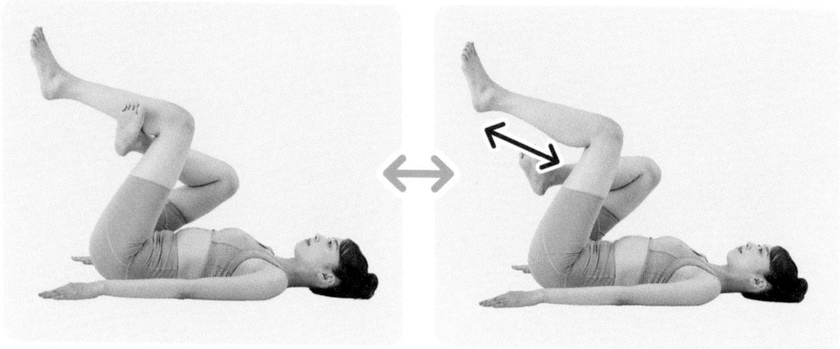

2 片足の甲で、もう片方のふくらはぎから足首までをたたく。30秒行う。1→2を反対側も同様に行う。

動画も
CHECK!

昼：足裏グリグリ～

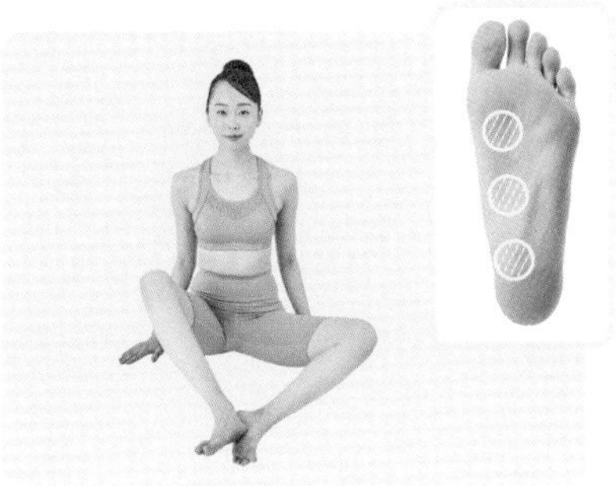

1 ひざを外側に開いて床に座る。

2 足の裏を、土踏まずを中心に3カ所に分けて5秒ずつほぐす。3回行う。**2**を反対側も同様に行う。

夜：ふくらはぎはさみマッサージ

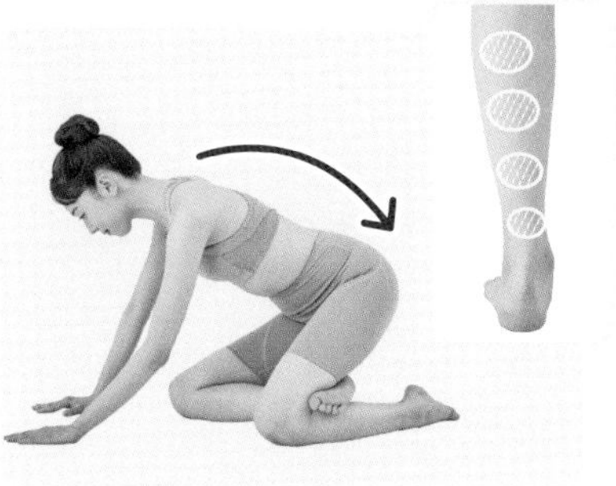

1 よつんばいになって、片足をもう片方のひざの裏に乗せる。

2 後ろに体重をかけ、4カ所（ひざの付け根・ふくらはぎ・ふくらはぎの下・アキレス腱）を5秒ずつほぐす。3回行う。**1→2**を反対側も同様に行う。

COLUMN

眠りが深くなる

寝る前のストレッチ

寝る前にストレッチを行うと、睡眠の質が上がります。特に腰や首を気持ちよく伸ばすと、副交感神経が優位になってリラックスモードに。寝つきがよくなります。

仰向けで寝ると腰が痛むという人も、ストレッチで伸ばすと痛みがやわらぎます。最近、よく眠れていないと感じる人は、「M字ストレッチ」を習慣にしてくださいね。

・M字ストレッチ・

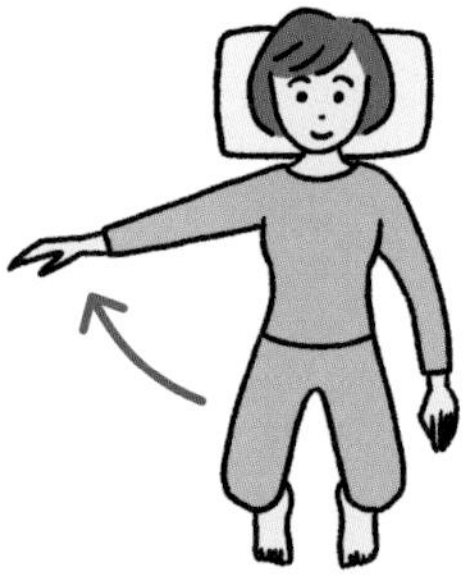

1 枕に頭を乗せて仰向けになり、片腕を広げる。ひざは立てる。

2 広げた腕の上に脚を乗せて、腕をひざ裏に通し、ももを胸に引き寄せる。

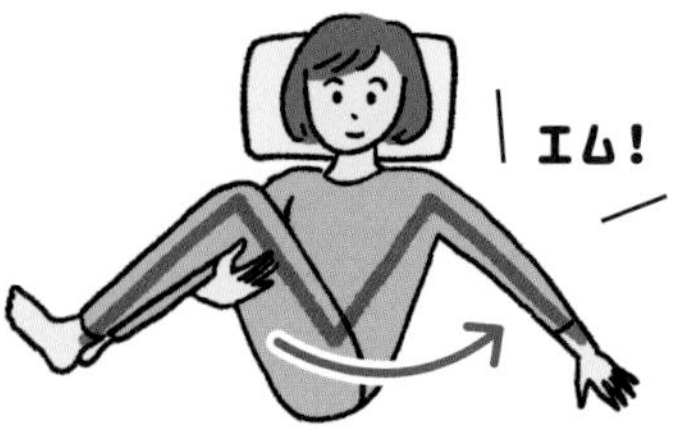

3 力を抜いた状態で、上の腕を反対側に広げる。

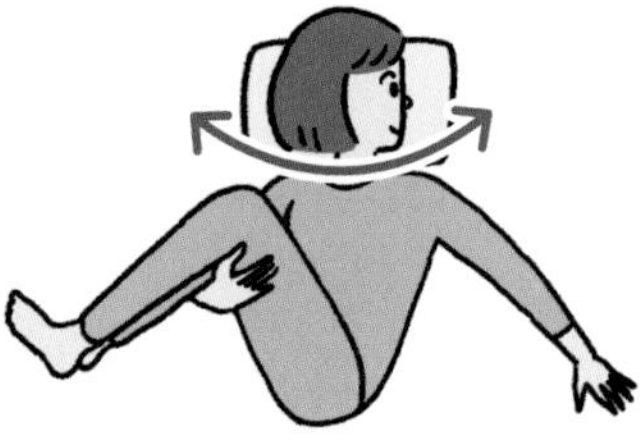

4 首を左右にゆっくりと振る。30秒行う。**1～4**を反対側も同様に行う。

PART 3

やせ骨格Q&A

PART2で紹介した「やせ骨格」ストレッチに関する質問に答えていきます。
「やっぱり運動は必要？」「どうしたら続けられる？」
といった気になる疑問についても紹介。
読むことでモチベーションがアップします！

Q 何日間続けたら効果が出る？

A 実践後、姿勢はすぐに改善。前ももの張りは1～2カ月で解消

ストレッチをした後は、自然に重心が正しい位置に戻るので、姿勢はその場で改善します。ストレッチの前後で、頭や肩、お腹、腰などの位置をチェックする習慣をつけてください。
　ストレッチ直後の効果は一時的ですが、くり返すことで体が次第に正しい姿勢を覚えていきます。個人差はありますが、**1～2カ月間ほどで悪い姿勢による前ももの張りも解消**していきます。

ストレッチ後に、ターゲットの部位が正しい位置に改善されるのは大きな喜び。実践前と実践後の姿勢の変化をチェックしてみて。

Q 脚を細くするには食事改善も必要？

A もものストレッチだけで見た目は格段によくなる

活動量が少ない人が食べすぎれば、脚が細くならないのは当然です。活動量によって適切なエネルギー量があるので（※）、食べすぎているなら調整していきたいですね。反対に、活動量を増やすことでも体は変化します。

一方で、少食なのに脚やせしない人もいます。これは、摂取エネルギーや栄養素が少なくて筋肉が落ち、代謝能力が下がった〝省エネ体質〟になっているのが原因。特にたんぱく質が不足していることが多いので、3食きちんと食べることで体脂肪が落ちていきます。

とはいえ、食事を見直すだけでは太ももの張りはなくなりません。**ストレッチで張りを解消することで、確実に脚は細くなります。**

※一日に必要なエネルギー量を知るサイト（日本医師会）https://www.med.or.jp/forest/health/eat/01.html

Q ストレッチをするのによいタイミングは？

A 時間にこだわるよりも習慣にしやすいかで選んで！

18時頃が、一日のうちで筋力がもっとも高まる時間だという研究結果（※）があります。そのため、この時間帯にストレッチを行うと効率がよいといえます。とはいえ、家事や仕事で忙しいこの時間に無理に行う必要はありません。

朝でも寝る前でもOKなので、**行いやすい時間に行って、習慣づけることが大切**です。

寝た姿勢で行えるストレッチなら、布団の中でもできるので、毎朝の習慣にしやすいでしょう。ただ、寝起きは水分不足で筋肉が硬いので、伸ばしすぎないように注意してください。

朝→昼→夜の順で筋力も高まるので、ストレッチ強度も上げていくと効果的です。夜のストレッチは、睡眠の質も上げてくれます。

※Julien Gondin, et al. Med Sci Sports Exerc. 2005 ;37（8）:1291-9.

Q やせ骨格になるのに運動はマスト？

A 動くことは不可欠！“今よりも動く”ことを目指して

体を良好な状態に保つには、適度に筋肉を使うことが不可欠です。そのため、**普段ほとんど動かない人は、絶対に運動したほうがいいです。**

紹介しているストレッチはもちろん、肩や首を回す、伸びをするなど、体を動かすことはすべて運動です。運動という概念を見直して、**ちょっとした運動でも「やった！」という達成感を積み重ねながら、体と向き合ってください。**

ストイックに筋トレに励む前に、「今よりも動く！」ことを基本に。座っているより立つ、止まっているより歩けばよいだけ。

Q 痛みを感じたらやめたほうがいい？

A 痛めている筋肉や関節へのアプローチは避けて

痛みにも種類があります。**筋肉が伸ばされて〝イタ気持ちいい〟のならば、張っている筋肉に適切にアプローチできているサイン。**強い痛みなら、やり方が正しいか確認した上で、伸ばすレベルを下げるとよいでしょう。

関節や筋肉の炎症などによって、痛みが生じていることもあります。こういう場合は、直ちに中断を。けがをしている部位も避けましょう。痛みが長引いたり、いつもと違う痛みを感じたりするなら、医療機関で診てもらうことをおすすめします。

　ストレッチを続けると筋肉がのびやかに変化し、関節の可動域も広がっていきます。自分ができるレベルで、安全に行いましょう。

Q 左右差が大きいときはどうすればいい？

A 硬いほうのストレッチをワンセット多めに

肩やひざの位置、股関節の開き具合など、体の左右差に悩む人は多くいます。差が大きいと見た目のバランスが悪いだけでなく、片側への負担が大きくなることも避けられません。

筋肉や骨格は、背骨を中心に左右対称になっています。しかし、左右どちらかの腕でばかりバッグを持つなど、本能的に体の左右で得意な動作があり、無意識に体の左右を使い分けています。こうしたくり返しによって、筋肉のつき方や張り感に差が出るのです。

完全な左右対称を目指すのは現実的ではありませんが、**左側が右側よりも張っていて硬いなら、ストレッチ時に左側をワンセット増やして行うなど、少し時間をかけてケアしましょう。**

Q 肉が邪魔でできない…どうすればいい？

A 焦らず、無理せず今できるメニューを続けて！

　肉づきの問題もありますが、関節の柔軟性や筋肉の収縮の具合には個人差があり、紹介したストレッチができない人もいるでしょう。同じ人でも、できる日とできない日があります。

「できないものはできない！」とスパッと諦め、できるメニューを行えばよいと思います。そのうちに体の使い方が上手になって、できなかったストレッチができるようになれば最高ではありませんか！

　また、ストレッチを邪魔する脂肪の存在に気づいたなら、それはチャンス。たとえば下腹が出て前屈しにくいなら、お腹まわりの筋肉を鍛えて改善できます。このように、**原因を探って体の使い方を正していくことができる**のです。

Q ストレッチを継続するコツは？

A ストレッチのための時間をわざわざ作らないこと

日常動作で体はゆがみます。だから、それをリセットするストレッチも毎日行うことが大切。食後に行う歯磨きのように、体を使った後のストレッチが習慣になるといいですね。

無理なく続けていくには、ストレッチのための時間をわざわざ作らないのがポイント。起床後に寝た姿勢でできるストレッチを取り入れるなど、習慣にしやすいものを行いましょう。

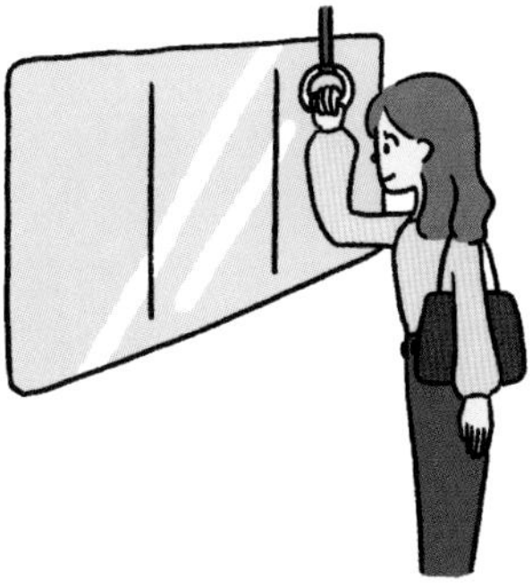

ストレッチ以外にも、電車やバスで立っているだけで、普段使えない体幹の筋肉を刺激できる。わざわざ時間を設けないのが継続のコツ。

Q 「これはNG」という姿勢はある？

A 同じ姿勢は続けないで！脚を組むなら、反対側も同様に

「脚を組むのは骨格に悪いですよね？」とよく聞かれますが、**組むなら、意識して組み替えて左右のバランスをとる**ようにしましょう。

体は動かすことが基本なので、いくら正しくても同じ姿勢が続けば、体にかかる負担は大きなものに。正しい姿勢に戻せることが前提ですが、脚を組んでも、だら〜っと座っても大丈夫。ただし、関節に負担がかかるので、**〝ペタン座り〟だけはやめましょう。**

正座からお尻を床に落とす、いわゆる“ペタン座り”は、ひざや足首、股関節に負担がかかる。この座り方だけは避けて！

Q デスクワークで脚のむくみがつらい…

A 1時間ごとに歩いて、ふくらはぎを刺激しよう！

長時間座りっぱなし、立ちっぱなしの姿勢が続くと起きやすい〝脚のむくみ〟。同じ姿勢で動かないと、ふくらはぎの筋肉を使う機会が減り、血液やリンパの流れが滞ってむくみます。

デスクワークが続くなら、**1時間に一度はフロアを歩いて、ふくらはぎを動かすのがベスト。**それが難しいときは、**座ったまま行えるむくみ解消法（下図）を実践**してみてください。

イスに浅く腰かけ、脚を開いてひざの内側に手を当てる。肩を反対側のひざに近づけるようにひねって30秒キープ。反対側も同様に行う。股関節と内ももを刺激して、むくみを解消。

おわりに

だれでも「やせ骨格」になれる！

最後までお読みいただき、ありがとうございました。
この本を読んで、〝普段の姿勢が正しくない〟ことに気づいた方も多いのではないでしょうか。
この気づきこそ、私が伝えたかった最大のポイント。
姿勢が正しくないと気づければ、ストレッチを実践できます。
すると、体のクセがリセットされて、姿勢は勝手に正しく整っていくのです。

ストレッチを続けていくと、正しい姿勢をとることに体が少しずつ慣れていきます。
ストレッチを行うときは「マジ伸びてる〜」「効いてる〜」と、

その感覚を存分に味わってくださいね。各ストレッチの「これで効いてる！」が、少しでもみなさんのモチベーションになればと思っています。

とはいえ、つねに正しい姿勢をキープしなくてもＯＫ！「姿勢が悪い」と気づいたときに、〝正しい姿勢をとれる＝体が知っている〟ということが大切なのです。

姿勢が整えば、過度なダイエットなどをしなくても、見た目は美しく変わっていきます。こりなども軽くなって、スッキリとするはずです。そうやって、自分の体を労わっていけば、だれでも「やせ骨格」になれますよ！

著者 吉田直輔

著 者

吉田直輔

（よしだ ただすけ）

美脚美容家・骨格改善サロンVes代表。
自衛隊レスリング所属、プロ総合格闘家として活動の後、トレーナーに転身。パーソナルトレーニングジムを経営し、2010年にパーソナルトレーナーとしてNEXTトレーナーオブザイヤー MVPを受賞した。2015年より、郷ひろみの専属トレーナーとしてサポートに携わっている。現在は、骨格で長年悩んでいた方が最後にたどりつく特別なサロンである“骨格改善サロンVes”の代表を務め、美脚美容家としてもYouTubeなどで正しいストレッチ法を発信。即実感できる内容と、お悩みに心から寄り添った優しくゆる〜い解説が好評を得て、SNS総フォロワー数は38万人を超えるなど幅広く活躍している。

各SNS

YouTube

Instagram @ ves_bikyaku_salon

本書の内容に関するお問い合わせは、**書名、発行年月日、該当ページを明記**の上、書面、FAX、お問い合わせフォームにて、当社編集部宛にお送りください。**電話によるお問い合わせはお受けしておりません。**また、本書の範囲を超えるご質問等にもお答えできませんので、あらかじめご了承ください。
FAX：03－3831－0902
お問い合わせフォーム：https://www.shin-sei.co.jp/np/contact-form3.html

落丁・乱丁のあった場合は、送料当社負担でお取替えいたします。当社営業部宛にお送りください。

このまま太ももパンパンでいいのか？
すごい！YOSHIDA式　やせ骨格ストレッチ

2024年2月15日　初版発行
2024年3月 5 日　第2刷発行

著　者　吉　田　直　輔
発行者　富　永　靖　弘
印刷所　萩原印刷株式会社

発行所　東京都台東区 台東2丁目24　株式会社　新星出版社
〒110－0016　☎03（3831）0743

ISBN978-4-405-08232-8